ENSALADAS
sencillas

ENSALADAS FRESCAS Y FÁCILES *de temporada*

PENNY OLIVER

Fotografías de Manja Wachsmuth

GRUPO ZETA

Barcelona • Madrid • Bogotá • Buenos Aires • Caracas • México D.F. • Miami • Montevideo • Santiago de Chile

A mi hijo, Oliver Angus Hill Carruthers

Título original: *Simple Salads*
Traducción: Laura Paredes Lascorz

© por el texto: Penny Oliver, 2015
© por las ilustraciones: Manja Wachsmuth, 2015
Publicado originalmente por Penguin Random House New Zealand Ltd.
Esta edición publicada por acuerdo con Penguin Random House Australia Pty Ltd.
Este libro ha sido negociado a través de Ute Körner Literary Agent, S.L., Barcelona

© Ediciones B, S. A., 2017
Consell de Cent, 425-427 – 08009 Barcelona (España)
www.edicionesb.com

Printed in Spain
ISBN: 978-84-666-6155-3
DL B 4547-2017

Impreso por Impuls 45

Sumario

Introducción

Creo que es justo decir que cuando se trata de planificar, la mayoría de los cocineros dan un trato preferente a las proteínas (tanto carne como pescado), y las convierten en el centro de atención de la comida. Las hortalizas, las verduras y los cereales quedan relegados a un segundo plano y suelen considerarse algo adicional, sin que se les reconozca su papel.

En *Ensaladas sencillas* se da la máxima importancia a las hortalizas, los cereales, las legumbres y las verduras de hoja, y con estas sabrosas recetas se loa por todo lo alto su contribución. La carne y el pescado siguen siendo importantes, pero más bien como apoyo, rodeados de hortalizas, fideos, hojas crujientes, cereales ancestrales, fragantes hierbas aromáticas y aliños fuertes y picantes.

Entre mis cientos de libros de cocina, tengo un puñado de referencias que me encantan. Son obras que aportan ideas estimulantes sobre los alimentos y que me inspiran a probar cosas y sabores nuevos. Espero que *Ensaladas sencillas* sea eso para ti, que se convierta en la obra de referencia a la que recurras a la hora de preparar ensaladas en el futuro y que te anime a planificar tus comidas desde otro punto de vista.

Estas recetas abarcan todas las estaciones y te permitirán disfrutar de la cocina con tu familia y tus amigos todo el año.

Ensaladas triunfadoras

Las ensaladas se remontan al siglo XIV. Las primeras consistían en hortalizas crudas saladas y aliñadas con aceite o vinagre, por lo que no es nada extraño que la palabra *ensalada* se derive de la palabra latina *sal*. De pequeña, las ensaladas se limitaban a lechuga iceberg, cortada en juliana, con gajos de tomate, rodajas de pepino y puede que huevo duro picado. El conjunto solía ir acompañado de una mayonesa dulce. Con la proliferación de variedades de lechuga, la disponibilidad de hierbas aromáticas y el resurgimiento de cereales ancestrales, la ensalada se ha redefinido como una comida rápida, moderna y saludable. A continuación, encontrarás unos cuantos consejos para asegurarte el éxito al preparar una ensalada:

- Elige verduras de proximidad que estén perfectas.
- Las hojas tienen que estar limpias, secas y crujientes para que el aliño las recubra ligeramente.
- Para preparar una lechuga tipo iceberg, quítale el cogollo, pon el hueco que queda bajo el chorro de agua fría y podrás separar las hojas. Para la romana, con las hojas unidas a la base, corta la base del tallo y quita las hojas. Lávalas bien y escúrrelas. Elimina el exceso de agua con una centrifugadora o ponlas en un paño de cocina.
- Guarda las hojas en un recipiente o bolsa de plástico cerrados en el verdulero de la nevera para que se mantengan crujientes.
- No guardes las hojas junto a manzanas, peras, plátanos o melones porque estos producen gas etileno, que las volverá marrones.

Cereales

Consejos para guardar y preparar los cereales:
- Guárdalos en recipientes herméticamente cerrados en un lugar fresco y oscuro.
- Antes de cocerlos lávalos bajo un chorro de agua fría para eliminar impurezas.
- Para cocerlos, sigue las indicaciones del envase y escúrrelos bien.

Estos son los cereales que me gusta utilizar:
- Bulgur: trigo partido
- Trigo tierno: grano de trigo integral precocido
- Farro: un tipo de trigo vestido
- Freekeh: trigo verde tostado
- Frégula: bolitas de pasta de sémola
- Cuscús israelí o perlas de cuscús: bolitas de masa hecha de cereal
- Cebada perlada: cebada descascarillada que se cuece más deprisa y es menos dura que la cebada integral
- Quinoa: ancestral semilla sudamericana (normalmente blanca o rosa)
- Espelta: una especie de trigo ancestral

Aliños

No es ningún secreto que cuanto mayor sea la calidad del aceite y del vinagre que usemos, mejor sabrá el aliño. Algunos exigen porcentajes exactos de aceite y vinagre para obtener su sabor clásico. La vinagreta, por ejemplo, requiere tres partes de aceite por una de vinagre. Así pues, es fundamental equilibrar los sabores en los aliños para adaptarlos a los de la ensalada. A continuación, encontrarás información útil sobre los ingredientes que normalmente contienen los aliños:

- Conserva los aceites en un lugar fresco y oscuro o se volverán rancios. Se pueden guardar en la nevera sin que se altere su sabor o su calidad, aunque pueden enturbiarse y solidificarse. Pon la botella bajo un chorro de agua caliente para que recuperen su transparencia.

- Compra el aceite de frutos secos en pocas cantidades, puesto que son caros y se estropean enseguida, especialmente el de nuez. Yo recomiendo guardarlos en la nevera.

- En las vinagretas es mejor usar aceite de oliva virgen extra, pues aporta un sabor particular, con un toque a pimienta o afrutado.

- Cada vinagre tiene su propia fuerza, y puede tapar el sabor de un aliño si no se usa con discreción. Menciono vinagres concretos en mis recetas, pero te animo a experimentar y probar distintos vinagres que puedan adecuarse mejor a tu gusto. En la mayoría de los libros de recetas, al hablar de vinagre de vino se refiere al vinagre de vino blanco, no de malta, que es mucho más intenso. El vinagre de vino tinto es más fuerte que el de vino blanco y aporta un color fantástico a los aliños, mientras que el balsámico les añade densidad y dulzor.

Con . . .
verduras
de hoja

Ensalada de hojas y hierbas aromáticas con vinagreta de ajo

Con sus hojas, frescas y crujientes, y sus hierbas aromáticas, esta ensalada refresca en verano y sirve para equilibrar las comidas sustanciosas en invierno.

Preparación: 15 minutos

Para 4-6 personas

1 lechuga romana pequeña sin cogollo, lavada y escurrida

1 endivia, solo el cogollo

1 achicoria pequeña sin cogollo, lavada y escurrida

1 taza de hojas de apio lavadas y escurridas

¼ de taza de ramitas de eneldo

¼ de taza de ramitas de perejil italiano

½ taza de brotes de remolacha o similar

¼ de taza de brotes de girasol o similar

Vinagreta de ajo (p. 149)

Secamos las hojas con papel de cocina y las introducimos 10-15 minutos en la nevera en una bolsa de plástico hasta que estén crujientes.

Disponemos las hojas en una fuente y espolvoreamos con las hierbas aromáticas y los brotes.

Aliñamos la ensalada justo antes de servir, o servimos con el aliño por separado.

Ensalada de calabacín y romana con aliño de limón y menta

El toque de dulzor de mi Aliño de limón y menta contrasta con el sabor de la lechuga y del calabacín. Esta ensalada es ideal para acompañar pollo o cordero asado o a la plancha, pasta con tomate o un cremoso risotto.

Preparación: 20 minutos

Para 4 personas

8-10 rebanadas de baguette
  de 2 cm de grosor, untadas
  con aceite de oliva y doradas
  a la plancha
1 diente de ajo cortado
  por la mitad
2 lechugas minirromanas sin
  cogollo, lavadas y escurridas
1-2 calabacines, sin las puntas
  y cortados en cintas con un
  pelapatatas
1 taza de microverduras
  (p. ej. berros o brotes de berros)
¼ de taza de parmesano rallado

Aliño de limón y menta
½ taza de hojas de menta fresca
  picadas finas
3 cucharadas de zumo de limón
¼ de taza de aceite de oliva virgen
  extra
1 cucharadita de miel
Sal marina en escamas y pimienta
  negra molida al gusto

Restregamos el pan con el ajo.

Introducimos las hojas de lechuga en la nevera en una bolsa de plástico para que se pongan crujientes.

Agitamos un tarro cerrado con todos los ingredientes del aliño para mezclarlos. Probamos y rectificamos los sabores según sea necesario.

Disponemos la lechuga, las cintas de calabacín y el pan en una fuente.

Aderezamos la ensalada con el aliño y espolvoreamos con las microverduras y el parmesano. Servimos de inmediato.

Verduras con salsa de aguacate, tomate y chile

Una ensalada, elegante, fácil y rápida para acompañar cualquier barbacoa veraniega, ¡especialmente un jugoso filete!

Preparación: 20 minutos

Para 6 personas

- 1 tomate corazón de buey grande, firme pero maduro, pelado y cortado en daditos
- La pulpa de 1 aguacate firme pero maduro, cortada en daditos
- 1 diente pequeño de ajo rallado fino
- 2 cucharadas de zumo de limón
- ½ chile verde largo sin semillas y picado fino
- ½ taza de perejil italiano picado fino
- ¼ de taza de hojas de albahaca picadas finas
- Sal marina en escamas y pimienta negra molida al gusto
- 3-4 cucharadas de aceite de oliva virgen extra
- Lechuga iceberg, romana o trocadero para 6 personas, lavada, secada y cortada en trozos grandes
- 2 bolas grandes de mozzarella fresca
- Hojas de albahaca adicionales para aderezar

Mezclamos en un bol el tomate, el aguacate, el ajo, el zumo de limón, el chile, el perejil, la albahaca y los condimentos. Añadimos el aceite de oliva suficiente para obtener una salsa consistente.

Introducimos los trozos de lechuga en un bol y desmenuzamos por encima la mozzarella.

Rociamos con la salsa, decoramos con las hojas de albahaca y servimos inmediatamente.

Hoja de roble y melocotones con aliño de nueces y miel

Las hojas ligeramente amargas y rizadas, y la fruta jugosa de esta ensalada están deliciosas con pescado blanco, vieiras o gambas a la plancha.

Preparación: 15 minutos

Para 4 personas

1 lechuga hoja de roble o escarola (o similar) o bien hojas variadas, lavadas y secadas

2-3 melocotones o nectarinas firmes pero maduros, sin hueso y cortados en rodajas

¼ de taza de piñones tostados

¼ de taza de mizuna o brotes de mostaza

120 g de queso feta de vaca

Aliño de nueces y miel

2 cucharadas de aceite de nuez

1 cucharada de aceite de oliva virgen extra

3 cucharadas de zumo de limón

1 cucharadita de miel

Sal marina en escamas y pimienta negra molida al gusto

Disponemos las hojas y las rodajas de fruta en una fuente. Espolvoreamos con los piñones, la mizuna o los brotes, y el queso feta.

Agitamos un tarro cerrado con todos los ingredientes del aliño para mezclarlos. Probamos y rectificamos los sabores según sea necesario.

Rociamos con el aliño suficiente para recubrir la ensalada. Servimos inmediatamente.

Gajos de lechuga iceberg con aliño de queso feta

El exquisito Aliño de queso feta de esta ensalada está riquísimo con cualquier verdura de hojas de temporada, ensalada de patatas o de hortalizas.

Preparación: 15 minutos

Para 4 personas

1 lechuga iceberg mediana sin el cogollo ni las hojas exteriores

3 cucharadas de semillas y frutos secos tostados (yo usé una mezcla envasada de piñones, almendras y semillas de calabaza y de girasol)

Aliño de queso feta

125 g de queso feta de vaca desmenuzado, y más para servir

½ taza de yogur griego sin azúcar

1-2 cucharadas de leche

Pimienta negra molida al gusto

Lavamos la lechuga, la escurrimos bien, la secamos con papel de cocina y la cortamos en ocho gajos. Escurrimos el exceso de agua, introducimos con cuidado los gajos en una bolsa grande de plástico y los dejamos 10 minutos en la nevera para que se pongan crujientes.

Mientras, preparamos el aliño. Colocamos el queso feta, el yogur y 1 cucharada de la leche en un robot de cocina y batimos. Sazonamos al gusto con la pimienta. Para un aliño menos espeso, añadimos la leche restante.

Disponemos los gajos de lechuga en una fuente, rociamos con un poco de aliño y cubrimos con el queso feta adicional y las semillas y los frutos secos tostados.

Berro y brotes de guisante con aliño de vinagre de champán

Con su delicado dulzor, esta sencilla ensalada se complementa a la perfección con un plato de pescado. El Aliño de vinagre de champán realza su elegancia.

Preparación: 10 minutos

Para 4-6 personas

2 tazas generosas de berro
lavado, escurrido y secado

2 tazas de brotes de guisante

¾ de taza de almendras tostadas
laminadas

Aliño de vinagre de champán

3 cucharadas de vinagre
de champán

1 cucharada de zumo de limón

2-3 cucharadas de aceite
de oliva virgen extra

Sal marina en escamas y pimienta
negra molida al gusto

Agitamos un tarro cerrado con todos los ingredientes del aliño para mezclarlos. Probamos y rectificamos los sabores según sea necesario.

Disponemos las verduras en una fuente o bol de servir y las aderezamos con el aliño suficiente para recubrirlas. Espolvoreamos con las almendras y servimos inmediatamente.

Ensalada de picoteo

Pensada para servirse con bebida y picotearla, puedes incluir en ella cualquier verdura crujiente de temporada o lonchas de jamón o de salmón ahumado. Pruébala también con mi Aliño de queso feta (p. 18).

Preparación: 15 minutos

Para 4 personas

1 lechuga minirromana lavada
   y con las hojas separadas

1 endivia, solo el cogollo

6 rábanos cortados por la mitad

4 tallos de apio

8 cebollas en vinagre

1 pera cortada en gajos

¼ de taza de mitades de nueces

150 g de queso azul suave
   o cheddar, cortado en cuñas

8 rebanadas de pan rústico

½ taza de brotes de rábano
   (opcional)

Aliño de nueces y mostaza

2 cucharaditas de mostaza
   de Dijon

1 cucharada de aceite de nuez

2 cucharadas de vinagre de sidra

1 cucharadita de azúcar moreno

Sal marina y pimienta negra
   molida al gusto

Agitamos un tarro cerrado con todos los ingredientes del aliño para mezclarlos. Probamos y rectificamos los sabores según sea necesario.

Disponemos todos los ingredientes de la ensalada sobre el pan o el queso y servimos el aliño por separado para mojar.

Ensalada de cebolla roja, granada y achicoria con aliño de miel de manuka y naranja

Soy muy fan de las hojas amargas. En esta receta, el dulzor del Aliño de miel de manuka equilibra el ligero amargor de la achicoria. Esta ensalada es ideal para acompañar cordero o panceta de cerdo asados.

Preparación: 15 minutos

Para 4 personas

1 achicoria grande, con las hojas separadas

Semillas y el zumo de ½ granada grande

½ cebolla roja, cortada en rodajas finas

½ taza de ramitas de cilantro

½ taza de mitades de nuez

Aliño de miel de manuka y naranja

2-3 cucharadas de miel de manuka

2 cucharadas de aceite de nuez

1 cucharada de zumo de naranja

½ cucharada de melaza de granada

Disponemos las hojas de la achicoria en una fuente. Espolvoreamos con las semillas de granada, la cebolla roja, las ramitas de cilantro y las nueces.

Mezclamos los ingredientes del aliño con la melaza de granada. Probamos y rectificamos los sabores según sea necesario.

Rociamos las hojas con el aliño justo antes de servir.

Rúcula, pera y beicon con queso de cabra y aliño de agraz

*Sirve esta ensalada clásica en una fuente o repartida en raciones individuales.
Mi Aliño de agraz le añade un sutil dulzor, pero también puedes servirla
con una Vinagreta clásica (p. 148).*

Preparación y cocción:
20 minutos

Para 4 personas

4 tazas bien llenas de hojas
de rúcula

1 pera madura sin semillas
y cortada en rodajas finas

½ cebolla roja cortada fina

½ taza de nueces tostadas
y picadas gruesas

150 g de queso de cabra
desmenuzado

8 lonchas de beicon cortado
fino, a la plancha, crujiente

2 cucharadas de cebollinos
picados finos

Berro para decorar

Aliño de agraz

3 cucharadas de agraz

1 cucharada de vinagre de vino
tinto

1 cucharada de aceite de nuez

1 cucharada de aceite de oliva
virgen extra

1 cucharada de miel

Sal marina en escamas y pimienta
negra molida al gusto

Disponemos la rúcula, la pera, la cebolla, las nueces
y el queso en capas en boles individuales o en
una fuente. Cubrimos con el beicon a la plancha
y espolvoreamos con los cebollinos.

Agitamos un tarro cerrado con todos los ingredientes
del aliño para mezclarlos. Probamos y rectificamos
los sabores según sea necesario.

Rociamos con el aliño para recubrir ligeramente
las hojas y decoramos con el berro. Servimos
inmediatamente.

Espinacas con manzana y almendras

Esta ensalada de invierno está riquísima servida con cerdo y patatas asadas. El aliño debe recubrir, pero no empapar las espinacas. Puedes esparcirle queso azul desmenuzado por encima para comerla como plato único.

Preparación y cocción:
40 minutos

Para 4-6 personas

1 cabeza de ajo pequeña

1 cucharada de aceite de oliva

20 g de nata fresca o nata agria

4 cucharadas de mayonesa
(comprada o véase p. 148)

2 cucharadas de zumo de limón

Sal marina en escamas y pimienta
negra molida al gusto

5 tazas de hojas de espinacas
baby cortadas en juliana

2-3 manzanas Red Delicious
pequeñas, sin semillas
y cortadas en daditos, y
unas rodajas para decorar

¼ de taza de hojas de menta
picadas finas

½ taza de arándanos secos
picados gruesos

½ taza de almendras picadas
gruesas

Precalentamos el horno a 180 °C.

Colocamos la cabeza de ajo en un pedazo de papel de aluminio lo bastante grande para envolverla. La rociamos con el aceite de oliva, la envolvemos y la asamos 35 minutos en el horno hasta que esté muy blanda.

Desenvolvemos la cabeza de ajo y, cuando esté lo bastante fría, la cortamos por la mitad y exprimimos la pulpa en un bol. Incorporamos la nata fresca o la nata agria, la mayonesa, el zumo de limón y los condimentos. Probamos y rectificamos los sabores según sea necesario.

Introducimos las espinacas, los daditos de manzana, la menta y los arándanos en un bol y rociamos con el aliño. Decoramos con las rodajas adicionales de manzana y espolvoreamos con las almendras.

Ensalada de espinacas con brotes y cereales

Rocía esta ensalada con la vinagreta suficiente para darle un toque reluciente. Es un placer para la vista.

Preparación y cocción:
20 minutos

Para 4-6 personas

4 tazas bien llenas de hojas de espinacas baby

¼ de taza de hojas de perejil italiano

¼ de taza de hojas de cilantro, picadas gruesas

½ taza de brotes variados comprados (p. ej., de azuki, lenteja y guisante)

2 zanahorias, peladas y cortadas en rodajas con una mandolina

4 rábanos, cortados en rodajas con una mandolina

8 tomates cherry pera, cortados por la mitad

½ taza de cebada, farro o espelta cocido y escurrido (según indique el envase)

3-4 cucharadas de Vinagreta clásica (p. 148) o Vinagreta de Shirley (p. 153)

Disponemos las espinacas, el perejil, el cilantro, los brotes, las zanahorias, los rábanos, los tomates y los cereales en un bol de servir y los mezclamos.

Servimos con cualquiera de las dos vinagretas.

Con . . .
cereales y
legumbres

Hortalizas asadas con bulgur

Yo preparo todo el año esta ensalada con las hortalizas de temporada disponibles. Un poquito de vinagre balsámico (alrededor de una cucharada) le añade una nota dulce.

Preparación y cocción: 45 minutos, más tiempo en remojo

Para 4-6 personas

¾ de taza de bulgur grueso

4 tazas de agua fría

2 zanahorias medianas peladas

1 boniato amarillo pelado

1 chirivía mediana sin semillas

1 pimiento rojo sin semillas

1 pimiento amarillo o naranja sin semillas

2 calabacines con las puntas cortadas

1 cebolla roja, cortada en rodajas finas

200 g de tomates cherry

3 cucharadas de aceite de oliva

Sal marina en escamas y pimienta negra molida al gusto

2 cucharadas de zumo de limón

Aceite de oliva virgen extra para rociar (opcional)

Precalentamos el horno a 220 °C. Cubrimos una bandeja de horno con papel de hornear.

Dejamos en remojo el bulgur en el agua 1 hora o hasta que se ablande, lo escurrimos, lo ponemos en un paño de cocina limpio y le exprimimos toda el agua restante.

Cortamos las zanahorias, el boniato y la chirivía en trozos de 5 cm y los introducimos en un bol. Cortamos los pimientos y los calabacines en trocitos, y los colocamos en otro bol con la cebolla y los tomates. Repartimos uniformemente el aceite de oliva entre los boles, sazonamos bien y mezclamos para recubrir las hortalizas con el aceite.

Extendemos la zanahoria, el boniato y la chirivía formando una capa en la bandeja de horno y lo asamos 20 minutos, dándoles la vuelta a la mitad de ese tiempo. Agregamos las hortalizas restantes y asamos 10 minutos más o hasta que todas las hortalizas estén tiernas y algo caramelizadas. Sacamos del horno y dejamos enfriar.

Cuando las hortalizas estén frías, mezclamos el zumo de limón con el bulgur y ponemos las hortalizas y el bulgur a una fuente. Rociamos con un poco de aceite de oliva para impregnarlos un poco más si es necesario.

Ensalada de judías cannellini

Servimos esta deliciosa ensalada con cualquier carne a la plancha o dispuesta sobre un poco de pan sin levadura.

Preparación: 25 minutos

Para 4 personas

1 lata de 400 g de judías cannellini

2 cebolletas cortadas en rodajas finas

¼ de taza de alcaparras lavadas y picadas finas

3 filetes de anchoa, picados finos

½ limón en conserva, sin la piel blanca, picado fino

¼ de taza de menta picada fina

½ taza de perejil italiano picado fino

1 diente de ajo rallado fino

Pimienta negra molida al gusto

¼ de taza de aceite de oliva virgen extra

⅛ de taza de zumo de limón

Lavamos las judías con agua fría. Escurrimos y secamos con papel de cocina.

Mezclamos con cuidado todos los ingredientes en un bol. Tapamos y dejamos marinar durante 15 minutos.

Probamos y rectificamos los sabores según sea necesario antes de servir.

Ensalada de trigo tierno y granada

Las semillas coloradas de la granada relucen en esta ensalada dulce y salada.
Resulta especialmente deliciosa servida con salmón o pollo, pero también
como plato único de un almuerzo ligero y saludable.

Preparación y cocción:
30 minutos

Para 4 personas

¾ de taza de trigo tierno cocido
y escurrido (según indique
el envase)

¼ de taza de aceitunas verdes
sin hueso picadas finas

½ taza de nueces frescas picadas
gruesas

¼ de taza de pistachos sin cáscara
y picados gruesos

2 cebolletas cortadas en rodajas
finas

½ taza de semillas de granada
(reservamos el jugo)

¼ de taza de hojas de perejil
italiano picadas finas

Pimienta negra molida al gusto

Ramitas de perejil italiano
para decorar

Aliño de granada

1-2 cucharadas de aceite
de oliva virgen extra

1 cucharada de melaza
de granada

1-2 cucharadas de zumo de limón

Mezclamos el trigo tierno cocido, las aceitunas,
las nueces, los pistachos, las cebolletas, las semillas
de granada, el perejil y los condimentos en un bol.

Mezclamos los ingredientes del aliño y reservamos
la melaza de granada. Probamos y rectificamos
los sabores según sea necesario. Rociamos la ensalada
con el aliño y mezclamos bien. Dejamos reposar
la ensalada a temperatura ambiente un mínimo de
15 minutos para que los sabores mariden antes de servir.

Decoramos con ramitas de perejil.

Frégula con mango
y pimientos asados

*Los granos de la frégula absorben los sabores dulces del mango
y los pimientos asados.*

**Preparación y cocción:
30 minutos**

Para 4 personas

4 pimientos (de varios colores)

1 cucharada de aceite de oliva
virgen extra

Sal marina en escamas y pimienta
negra molida al gusto

1 cucharada de vinagre balsámico

1 mango pequeño

1 taza de frégula cocida
y escurrida (según indique
el envase)

¼ de taza de hojas de albahaca
fresca

Aliño de vinagre balsámico

1 cucharadita de vinagre
balsámico

1 cucharada de zumo de limón

1 cucharada de aceite de oliva
virgen extra

Precalentamos el horno a 180 °C.

Cortamos los pimientos en trozos de distinto
tamaño y los colocamos en una fuente de horno.
Los rociamos con el aceite de oliva y sazonamos
al gusto. Los asamos 10-15 minutos o hasta que
estén blandos. Los sacamos del horno, los rociamos
con el vinagre balsámico y los dejamos enfriar.

Dividimos la pulpa del mango en dos, y cada parte
por la mitad, y las pelamos. Cortamos en trocitos.

Mezclamos la frégula, el pimiento asado y el mango
en un bol, cortamos en juliana la mitad de las hojas
de albahaca y los incorporamos.

Mezclamos los ingredientes del aliño, los probamos
y rectificamos los sabores según sea necesario.
Rociamos la ensalada con el aliño y decoramos
con el resto de las hojas de albahaca enteras.

Cuscús israelí con salsa verde

Los clásicos sabores mediterráneos impregnan el cuscús israelí. Podemos ponerlo sobre una tortilla de trigo junto con una fuente de proteínas o servirlo con carne a la brasa.

Preparación y cocción:
20 minutos

Para 4 personas

1 taza de cuscús israelí, cocido y bien escurrido (según indique el envase)

Salsa verde

1 taza bien llena de hojas de albahaca fresca, y más para decorar

1 taza bien llena de hojas de menta fresca

2 cucharaditas de mostaza de Dijon

2 cucharadas de vinagre de vino tinto

2 cucharadas de alcaparras, lavadas y escurridas

2 filetes de anchoa

Pimienta negra molida al gusto

¼-⅓ de taza de aceite de oliva

1 limón, cortado por la mitad, para exprimir

Ponemos el cuscús en una fuente con la ayuda de una cuchara.

Introducimos las hojas de albahaca y de menta, la mostaza, el vinagre, las alcaparras, la anchoa y los condimentos en un robot de cocina, y los trituramos. Rociamos la mezcla con suficiente aceite de oliva para obtener una salsa líquida y suave.

Vertemos la salsa sobre el cuscús y mezclamos bien. Exprimimos un poco de zumo de limón sobre la ensalada y la servimos decorada con hojas de albahaca fresca.

Ensalada de orzo con chorizo y nueces

Puedes llevarte esta copiosa ensalada al trabajo para almorzar; te ayudará
a pasar el día. Asegúrate de usar nueces frescas para evitar amargor.

Preparación y cocción:
20 minutos

Para 4 personas

1¼ de tazas de orzo cocido
   y escurrido (según indique
   el envase)

4 chorizos a la plancha

1 taza de guisantes congelados
   hervidos

1 taza de perejil italiano
   picado fino

Sal marina y pimienta negra
   molida al gusto

Más hojas de perejil italiano
   para decorar

Zumo de 1 limón

Aliño de nueces

1 taza de nueces frescas picadas
   gruesas, y más para decorar

1 chile rojo sin semillas y picado
   grueso

1 diente de ajo, machacado

2 cucharadas de vinagre
   de vino tinto

¼ de taza bien llena de hojas
   de perejil italiano packed

½ cucharada de aceite de oliva
   (aprox.)

Sal marina y pimienta negra
   molida al gusto

Para preparar el aliño, introducimos las nueces, el chile, el ajo, el vinagre y el perejil en un robot de cocina y trituramos. Sin dejar de hacerlo, incorporamos despacio el aceite de oliva suficiente para obtener una pasta poco densa. Sazonamos al gusto.

Colocamos el orzo cocido en un bol.

Cortamos el chorizo a la plancha en rodajas pequeñas y los mezclamos con la pasta, el Aliño de nueces, los guisantes, el perejil y los condimentos.

Disponemos la ensalada en un bol de servir y decoramos con hojas adicionales de perejil y unos cuantos trocitos de nuez. Rociamos por encima con zumo de limón.

Ensalada de pasta con tomate asado y mayonesa de parmesano

Este aliño con parmesano resulta delicioso con orejitas de pasta.

**Preparación y cocción:
30 minutos**

Para 4-6 personas

2 tazas de orecchiette cocidas al dente (según indique el envase)

250 g tomates cherry cortados por la mitad

1 cucharada de aceite de oliva virgen extra

Sal marina y pimienta negra molida al gusto

1 cucharada de alcaparras lavadas, escurridas y picadas gruesas

1 cucharada de vinagre balsámico

Mayonesa de parmesano (p. 151)

Hojas de albahaca fresca para decorar

Precalentamos el horno a 170 °C. Cubrimos una bandeja de horno con papel de hornear.

Escurrimos bien la pasta y la dejamos enfriar en un bol.

Mezclamos los tomates con el aceite de oliva y los condimentos, y los disponemos en la bandeja de horno. Asamos los tomates 10 minutos o hasta que empiecen a ablandarse y los sacamos del horno. Espolvoreamos con las alcaparras, rociamos con el vinagre balsámico y lo dejamos enfriar.

Mientras los tomates se enfrían, preparamos la mayonesa.

Para servir, ponemos la suficiente mayonesa sobre la pasta para recubrirla abundantemente. Llevamos la ensalada a una fuente y cubrimos con los tomates asados y todo su jugo. Decoramos con hojas de albahaca fresca.

Ensalada de lentejas con aliño de berenjena

Esta es mi receta preferida para acompañar una pierna de cordero, caliente o fría. Siempre triunfa. Si lo prefieres, sustituye el eneldo por menta.

Preparación y cocción: 45 minutos

Para 4 personas

1 taza de lentejas verdinas

1 cucharada de aceite de oliva

1 diente de ajo rallado fino

½ cebolla roja picada fina

1 tallo de apio cortado en rodajas finas

1 zanahoria cortada en daditos

1 pimiento rojo o amarillo cortado en daditos

1 cucharada de azúcar moreno

6 tomates cherry

¼ de taza de hojas de perejil italiano picadas finas

2 cucharadas de eneldo picado, y unas ramitas para decorar

Aliño de berenjena

1 berenjena grande

1 cucharada de aceite de oliva

Sal marina y pimienta negra molida al gusto

1½ cucharadas de zumo de limón

1 cucharadita de vinagre de vino tinto

2 cucharadas de yogur espeso sin azúcar

Precalentamos el horno a 160 °C.

Primero preparamos el aliño. Pinchamos la berenjena con un tenedor y frotamos bien con aceite de oliva. La envolvemos en papel de aluminio y la asamos 30-40 minutos o hasta que la pulpa esté tierna y blanda. La sacamos del horno y la dejamos enfriar.

Abrimos la berenjena y extraemos la pulpa con la ayuda de una cuchara. La dejamos escurrir y la trituramos junto con los condimentos, el zumo de limón, el vinagre y el yogur para obtener un aliño con la textura de un puré.

Cocemos las lentejas según indique el envase.

Mientras, ponemos el aceite de oliva, el ajo y la cebolla en una sartén a fuego medio y rehogamos 5 minutos hasta que la cebolla esté blanda. Agregamos el apio, la zanahoria y el pimiento, y cocemos 5-10 minutos más para ablandar las verduras. Incorporamos el azúcar y los tomates cortados por la mitad, y cocemos 2 minutos. Lo retiramos del fuego y lo dejamos enfriar.

Escurrimos bien las lentejas cocidas, incorporamos el perejil, el eneldo y las lentejas con las verduras ya frías.

Llevamos a una fuente y decoramos con ramitas adicionales de eneldo. Servimos con el aliño por separado.

Ensalada de quinoa, dátiles y naranja

La quinoa absorbe el sabor de la fruta de esta ensalada, ideal para acompañar chuletas de cerdo, salmón o atún.

**Preparación y cocción:
20 minutos**

Para 4 personas

½ taza de quinoa roja, cocida
  (según indique el envase)

½ cebolla roja, cortada
  en rodajas finas (opcional)

Gajos de 2-3 naranjas
  (reservamos el jugo)

¾ de taza de dátiles sin hueso,
  cortados en daditos

¼ de taza de almendras crudas,
  picadas gruesas

2 tazas bien llenas de berro
  o rúcula

Aliño

1 cucharada de zumo de limón

1 cucharada de aceite de oliva
  virgen extra

¼ de cucharadita de canela
  molida

1 cucharadita de vinagre
  balsámico

Dejamos enfriar la quinoa cocida. Después, la introducimos junto con la cebolla, si la usamos, los gajos de naranja, los dátiles, las almendras y el berro o la rúcula en un bol.

Agitamos un tarro cerrado con todos los ingredientes del aliño y el zumo de naranja reservado para mezclarlos bien. Rociamos con él la ensalada y servimos inmediatamente.

Freekeh con remolacha y aliño de eneldo al limón

Esta refrescante ensalada constituye un almuerzo rápido y sabroso. Queda igual de rica usando farro o arroz integral en lugar de freekeh.

Preparación y cocción:
30 minutos

Para 4-6 personas

¾ de taza de freekeh

1 remolacha grande pelada
   y rallada gruesa

¼ de taza de ramitas de eneldo
   picado grueso

Sal marina en escamas y pimienta
   negra molida al gusto

3-4 cucharadas de aceite de oliva
   virgen extra

La ralladura fina de 1 limón

2-3 cucharadas de zumo
   de limón

1 cucharada de melaza
   de granada

3 huevos pasados por agua,
   pelados y cortados por la mitad

½ cucharada de dukkah

Más ramitas de eneldo
   para decorar

Cocemos el freekeh según indique el envase, lo escurrimos bien y lo dejamos enfriar. Después, lo colocamos en un bol junto con la remolacha, el eneldo y los condimentos.

Mezclamos bien el aceite de oliva, la ralladura y el zumo de limón con la melaza de granada, y rociamos el freekeh. Le añadimos un poco de aceite de oliva o zumo de limón para que la ensalada quede más jugosa.

Colocamos la ensalada en una fuente y le ponemos encima las mitades de los huevos. Espolvoreamos con el dukkah y decoramos con ramitas de eneldo.

Ensalada de freekeh y calabaza

La calabaza especiada y el aliño de cilantro confieren su sabor al freekeh en este sabroso plato.

Preparación y cocción:
30 minutos

Para 4-6 personas

1 calabaza moscada pelada
   y sin semillas

1 cucharadita de canela molida

½ cucharadita de comino molido

2 cucharadas de aceite de oliva

Sal marina en escamas y pimienta
   negra molida al gusto

¾ de taza de freekeh cocido
   (según indique el envase)

½ taza de Aliño picante
   de cilantro (p. 154)

½ taza de yogur espeso sin azúcar

1 cucharada de aceite de oliva
   virgen extra

Precalentamos el horno a 200 °C. Cubrimos una bandeja de horno con papel de hornear.

Cortamos la calabaza en trozos de 3-4 cm, los introducimos en un bol con las especias, el aceite y los condimentos, y mezclamos bien. Disponemos la calabaza en la bandeja de horno formando una capa y la asamos 20 minutos o hasta que esté tierna y dorada.

Mezclamos el freekeh y la calabaza asada, y los dejamos enfriar.

Colocamos la ensalada en una fuente y rociamos con el Aliño picante de cilantro y el yogur. Rociamos con el aceite de oliva virgen extra adicional para servir.

Tabulé de cebada

Nunca me canso del tabulé, preparado con bulgur o con cualquier otro cereal. Muchas de las hierbas aromáticas son fundamentales para que salga muy bueno. Esta ensalada se conserva bien unos días en la nevera.

Preparación y cocción:
30 minutos

Para 4 personas

¾ de taza de cebada perlada, cocida (según indique el envase)

½ taza de menta picada fina

1 taza de perejil italiano picado fino

Sal marina y pimienta negra molida al gusto

¼ de taza de zumo de limón

⅛ de taza de aceite de oliva virgen extra

2 tomates grandes maduros, picados (reservamos el jugo)

Mezclamos todos los ingredientes, incluido el jugo de tomate reservado, en un bol. Probamos y rectificamos la sazón según sea necesario.

Llevamos la ensalada a una fuente.

Con . . .
carne y
pescado

Ensalada de salmón ahumado

Esta ensalada ligera y fácil de preparar me encanta. Posee todos los ingredientes para satisfacer a quienes están pendientes de su salud y de su peso. Sírvela acompañada de rebanadas finas de pan integral.

Preparación: 15 minutos

Para 4 personas

1 bote de 450 g remolachas
    baby cortadas a cuartos

300 g salmón ahumado
    en lonchas

3 rábanos cortados en rodajas
    finas con una mandolina

La pulpa de ½ aguacate firme
    pero maduro, cortada
    en rodajas finas

1 pepino libanés laminado
    longitudinalmente

1 endivia o lechuga romana
    lavada y con las hojas separadas

½ taza de requesón

Pimienta negra molida al gusto

Ramitas de eneldo fresco
    para decorar

Brotes de berro baby para decorar

Aliño de rábano

3 cucharadas de yogur espeso
    sin azúcar

1 cucharada de salsa de rábano
    picante

Sal marina al gusto

Disponemos los ingredientes de la ensalada formando capas en una fuente.

Mezclamos los ingredientes del aliño y rociamos con él la ensalada. Decoramos con ramitas de eneldo fresco y brotes de berro baby, y servimos inmediatamente.

Ensalada de pollo cocido

Te olvidarás del largo método de cocción en cuanto saborees lo tierno que queda el pollo. A veces lo sirvo con Mayonesa de huevo entero (p. 148).

Preparación y cocción: 2 horas

Para 4-6 personas

1 pollo de tamaño mediano
lavado en agua fría

1 hoja de laurel

1 cebolla blanca cortada
por la mitad

6 granos de pimienta

¼ de taza de pasas sin pepitas

2 cucharadas de vinagre de malta

300 g de judías verdes

2 cucharadas de aceite de oliva
virgen extra

1 cucharada de vinagre de vino
tinto

1 cucharada de zumo de limón

1-2 cucharaditas de miel
de manuka al gusto

Sal marina en escamas y pimienta
negra molida al gusto

¼ de taza de piñones tostados

1 cogollo de achicoria con
las hojas separadas

Introducimos el pollo en una olla con agua junto con la hoja de laurel, la cebolla y los granos de pimienta, llevamos a ebullición a fuego medio alto, reducimos el fuego a lento y dejamos cocer 10 minutos. Apagamos el fuego, tapamos bien la olla y dejamos que el pollo se cueza 1½-2 horas con el calor residual.

Dejamos en remojo las pasas en el vinagre de malta mientras el pollo se cuece.

Una vez esté cocido el pollo, lo sacamos del líquido. (Congelamos el caldo resultante para usarlo en sopas y guisos.) Dejamos enfriar el pollo.

Cuando esté lo bastante frío para manejarlo, cortamos la carne en trozos grandes, pelándolo y deshuesándolo.

Cocemos 3 minutos las judías en agua hirviendo salada, las escurrimos y las enfriamos bajo un chorro de agua fría del grifo. Secamos con papel de cocina.

Preparamos el aliño mezclando el aceite de oliva, el vinagre de vino tinto, el zumo de limón, la miel, los condimentos, las pasas y el vinagre de malta. Le incorporamos los piñones.

Disponemos la achicoria, las judías y el pollo en una fuente y rociamos con el aliño. Servimos inmediatamente.

Ensalada de garbanzos con cordero y pesto de rúcula

Unas chuletas de cordero, cubiertas de tomate y pesto de rúcula forman esta equilibrada ensalada.

Preparación y cocción:
30 minutos

Para 4 personas

400 g de garbanzos cocidos lavados y escurridos

2 pimientos cortados a cuartos y sin semillas

1 cucharada de aceite de oliva

16 chuletas de cordero a la francesa poco hechas a la parilla

8 tomates cherry cortados por la mitad

1 taza de hojas de rúcula

Pesto de rúcula

2 tazas bien llenas de hojas de rúcula

1 diente de ajo machacado

1 huevo duro

Sal marina y pimienta negra molida al gusto

¼ de taza de aceite de oliva virgen extra (aprox.)

Precalentamos el horno a 180 °C.

Primero preparamos el pesto. Trituramos la rúcula, el ajo, el huevo y los condimentos en un robot de cocina. Incorporamos lentamente el aceite de oliva para obtener un pesto líquido, añadiendo más si es necesario.

Colocamos el pesto en un bol e incorporamos los garbanzos para que se marinen mientras asamos el pimiento y las chuletas.

Ponemos el pimiento en una fuente de horno, lo rociamos con el aceite y lo sazonamos. Lo asamos 15 minutos en el horno o hasta que esté blando y ligeramente tostado.

Disponemos las chuletas calientes, el pimiento, los tomates y las hojas de rúcula en una fuente y cubrimos con la mezcla de pesto y garbanzos. Servimos caliente.

Ensalada de espinacas y alcachofa con cordero

La paletilla de cordero no está suficientemente valorada. Una vez deshuesada, cuece rápido, y en esta ensalada de espelta, combinada con cereales y verduras, queda dulce y jugosa. También puede usarse cebada y freekeh.

**Preparación y cocción:
50 minutos**

Para 4-6 personas

1,2 kg de paletilla deshuesada de cordero

1½ cucharadas de aceite de oliva

1 cucharada de cilantro molido

1 cucharada de comino molido

2 dientes de ajo, rallados finos

¾ de taza de espelta, cocida (según indique el envase)

½ taza llena sin apretar de hojas de perejil italiano

1 taza bien llena de hojas de espinacas baby, cortadas en juliana

4 alcachofas asadas en conserva, cortadas en cuartos

½ limón en conserva, sin la piel blanca, picado fino

4 cucharadas de zumo de limón

2 cucharadas de aceite de oliva virgen extra

Sal marina en escamas y pimienta negra molida al gusto

Precalentamos el horno a 180 °C.

Colocamos el cordero en una superficie plana y con un mazo de carne lo dejamos con un grosor uniforme. Mezclamos el aceite de oliva, las especias y el ajo, y restregamos la carne.

Colocamos el cordero en una fuente de horno y lo asamos 25-30 minutos o hasta que esté al punto. Dejamos reposar 15 minutos.

Escurrimos bien la espelta cocida y la ponemos en un bol con el perejil, las espinacas, las alcachofas, el limón en conserva, el zumo de limón, el aceite de oliva virgen extra y los condimentos, y mezclamos bien.

Disponemos la ensalada en una fuente o una tabla de servir y cortamos el cordero para mezclarlo con ella.

Ensalada de melón y sandía con jamón y miel al limón

El secreto de esta ensalada consiste en utilizar ingredientes de gran calidad. Yo la sirvo como entrante cuando invito a mis amigos a comer.

Preparación: 20 minutos

Para 4 personas

¼ de sandía pequeña sin cáscara

1 melón cantaloupe maduro
   sin semillas ni cáscara

8-10 lonchas de jamón

½ taza de hojas de rúcula

½ taza de hojas de albahaca fresca

100 g de queso de cabra

¼ de taza de nueces partidas
   por la mitad

Aliño de miel al limón

⅛ de taza de zumo de limón

2 cucharadas de miel de manuka

1 cucharada de aceite de oliva
   virgen extra

Cortamos el melón y la sandía a gajos. Los disponemos aleatoriamente junto con el jamón, la rúcula, la albahaca, el queso de cabra y las nueces en una fuente.

Agitamos un tarro cerrado con todos los ingredientes del aliño para mezclarlos. Probamos y rectificamos los sabores según sea necesario. Rociamos con él la ensalada y servimos inmediatamente.

Ensalada de cuscús y panceta

Es imposible resistirse a la carne crujiente de cerdo. En esta receta, el cuscús de mango y pepino la complementan a la perfección.

Preparación y cocción: 2 horas y 30 minutos

Para 4 personas

2 kg de panceta de cerdo

1 cucharada de sal de mesa

1 diente de ajo rallado fino

2 cucharadas de jengibre rallado

1 cucharadita de polvo de cinco especias

3 cucharaditas de aceite de oliva

La pulpa de 1 mango cortada en rodajas

1 pepino libanés cortado en rodajas

1 taza de cuscús israelí cocido y escurrido (según indique el envase)

½ taza bien llena de cilantro o de perejil italiano

Aliño de chile suave

1 chile rojo sin semillas y picado fino

1 cucharadita de salsa tamari o de soja

2 cucharadas de zumo de limón

2 cucharadas de salsa de chile suave

Precalentamos el horno a 170 °C.

Secamos bien la piel de la panceta con papel de cocina. Hacemos cortes de 2 cm de longitud en la piel y la frotamos uniformemente con la sal. Mezclamos el ajo, el jengibre y las cinco especias con 2 cucharaditas de aceite y con ello restregamos la carne del cerdo.

Calentamos a fuego medio alto una sartén de fondo grueso en la que quepa el cerdo y le añadimos el aceite restante. Colocamos el cerdo con la piel hacia abajo y cocemos 5-7 minutos. La piel tendría que quedar uniformemente dorada. Disponemos el cerdo en una fuente de horno y asamos 2 horas en el horno hasta que esté tierno.

Para acabar de preparar el cerdo, encendemos el grill del horno y dejamos 5-7 minutos hasta que la piel esté dorada y crujiente. Dejamos reposar el cerdo 10 minutos en una tabla de servir.

Agitamos un tarro cerrado con todos los ingredientes del aliño para mezclarlos.

Para finalizar la ensalada, mezclamos el mango, el pepino y el cuscús en un bol con 1 cucharada del aliño y lo colocamos en la tabla con el cerdo. Espolvoreamos con el cilantro o el perejil y servimos con el aliño restante.

Ensalada de fideos con cerdo y piña

Una comida fácil de preparar, con sabores frescos y sabrosos.
Siempre triunfa.

Preparación y cocción:
30 minutos

Para 4 personas

300 g de carne de cerdo picada

1 cucharada de aceite vegetal

2 chiles rojos largos sin semillas
y cortados en daditos

1 diente de ajo rallado fino

2 cebolletas cortadas en rodajas
finas

Sal marina en escamas y pimienta
negra molida al gusto

100 g de fideos de arroz cocidos
(según indique el envase)

¼ de piña fresca cortada en
trocitos

½ taza bien llena de hojas
de menta

½ taza bien llena de hojas
de albahaca tailandesa

3 cucharadas de azúcar de palma
rallado

2 cucharadas de zumo de lima

3 cucharadas de salsa de pescado
asiática

1 cucharada de cebolla frita
crujiente, comprada

1 chile rojo largo cortado
en rodajas finas

¼ de taza de hojas de cilantro
para decorar

En una sartén grande, doramos a fuego medio la carne picada de cerdo en el aceite 10 minutos hasta que esté toda cocida. Removemos para separarla. Incorporamos el chile, el ajo y la cebolleta y cocemos unos 5 minutos hasta que el líquido se haya evaporado. Sazonamos al gusto. Retiramos del fuego y dejamos enfriar.

Ponemos la carne picada en un bol y lo mezclamos con los fideos cocidos, la piña, la menta y la albahaca. Lo llevamos a un bol de servir.

Agitamos un tarro cerrado con el azúcar de palma, el zumo de lima y la salsa de pescado asiática para mezclarlos bien y rociamos la ensalada. Esparcimos por encima las cebollas fritas y el chile, y decoramos con el cilantro.

Ensalada de pescado marinado

Si se come crudo, el pescado tiene que ser excepcionalmente fresco y oler todavía a mar. Esta receta es refrescante, fragrante y siempre quiero repetir.

Preparación: 35 minutos

Para 3-4 personas

400 g de rubio fresco (o similar) cortado muy fino

3-4 cucharadas de zumo de lima

2 cucharadas de azúcar de palma rallado

1 cucharada de salsa de pescado asiática

2 cebolletas cortadas en rodajas finas

1 chile verde sin semillas y cortado en rodajas finas

½ cebolla roja, cortada en rodajas finas

1 taza de hojas de albahaca tailandesa y otra de menta

Sal marina en escamas y pimienta negra molida al gusto

1 cucharada de cebolla frita crujiente, comprada

Disponemos el pescado cortado formando una capa en un plato.

Agitamos un tarro cerrado con el zumo de lima, el azúcar de palma y la salsa de pescado asiática hasta que el azúcar se disuelva, y lo vertemos sobre el pescado. Tapamos y refrigeramos 20 minutos.

Disponemos en capas el pescado marinado, la cebolleta, el chile, la cebolla roja y las hierbas aromáticas en una fuente de servir. Sazonamos al gusto y decoramos con cebollas fritas.

Ensalada de pescado ahumado con cebada y arroz integral

Los sabores de Japón se reflejan en esta ensalada. Yo he usado escolar ahumado, pero puede usarse cualquier otro pescado ahumado. Llévatela de pícnic o sírvela en casa entre semana.

Preparación y cocción: 40 minutos

Para 4 personas

½ taza de cebada perlada

½ taza de arroz integral

2 cucharadas de aceite de girasol

1 cucharada de curry en polvo

¼ de taza de salsa tamari

1 cucharadita de mirin

1 cucharadita de aceite de sésamo

Pimienta negra molida al gusto

2 cebolletas cortadas en rodajas finas

2 cucharadas de zumo de limón

300 g de pescado ahumado desmenuzado

3 huevos duros, cortados a cuartos

¼ de taza bien llena de hojas de perejil italiano

Cocemos la cebada y el arroz integral según indique el envase. (Suelen tardar 20-30 minutos en estar cocidos.) Escurrimos bien.

En una sartén grande, cocemos 30 segundos a fuego lento el aceite de girasol, el curry en polvo, la salsa tamari, el mirin y el aceite de sésamo. Incorporamos la cebada y el arroz integral, y mezclamos bien. Lo retiramos del fuego, sazonamos con pimienta y dejamos enfriar.

Una vez la mezcla esté fría, añadimos la cebolleta, el zumo de limón y el pescado desmenuzado. Llevamos a un bol de servir, poniendo el huevo en capas. Decoramos con hojas de perejil.

Aguacate con langostinos y aliño de tomate

Ideal para ocasiones especiales, prepara el Aliño de tomate el día antes, ya que necesita reposar cinco horas por lo menos.

Preparación y cocción:
20 minutos, y dejar en reposo

Para 4 personas

La pulpa de 1 aguacate firme pero maduro, cortada en daditos

1 chile rojo largo sin semillas

1 cebolleta picada fina

¼ de taza bien llena de hojas de menta cortadas en juliana

1 diente de ajo rallado fino

2 cucharadas de zumo de lima

16 langostinos hervidos y pelados (salvo la puntita de la cola)

2 tazas de ramitas de berro

Aliño de tomate

3 tomates grandes maduros, picados

1 cebolleta cortada en rodajas finas

1 diente de ajo machacado

¼ de taza bien llena de hojas de albahaca cortadas en juliana

¼ de taza de passata o de puré de tomate

1 cucharada de azúcar moreno

2 cucharadas de vinagre de vino tinto

2 cucharadas de aceite de oliva virgen extra

Colocamos todos los ingredientes del aliño en un bol y los pasamos por el pasapurés para extraer todo el jugo de los tomates. Tapamos y dejamos 5 horas o una noche a temperatura ambiente.

Vertemos la mezcla del tomate en un colador y la presionamos para extraerle todo el líquido posible. Refrigeramos hasta el momento de usarla.

Ponemos el aguacate, el chile picado fino, la cebolleta, la menta, el ajo y el zumo de lima en un bol y mezclamos con cuidado.

Preparamos la ensalada en cuatro boles individuales. Disponemos 4 langostinos en cada bol, rociamos con la salsa de aguacate y esparcimos el berro por encima. Cubrimos con el Aliño de tomate.

Atún con verduras

Este plato, ligero, saludable y sabroso es perfecto para darse un capricho entre semana.

Preparación y cocción:
35 minutos

Para 4 personas

½ cucharada de semillas
de cilantro trituradas

2 dientes de ajo rallados finos

¼ de taza de salsa tamari

1 cucharada de salsa de pescado
asiática

1 cucharada de jengibre rallado

1 chile rojo sin semillas y picado
fino

500 g de atún

1 cucharadita de aceite de sésamo

La pulpa de 1 aguacate firme pero
maduro, cortada en rodajas

Verduras de hojas (endivia,
lechuga romana o iceberg,
o rúcula, p. ej.) para 4 raciones

1 cucharadita de semillas
de sésamo

Hojas de cilantro fresco
para decorar

Aliño picante

2 cucharadas de zumo de lima

1 cucharada de salsa de pescado
asiática

1 cucharada de salsa tamari

1 chile rojo, sin semillas y picado
fino

Mezclamos las semillas de cilantro, el ajo, la salsa tamari, la salsa de pescado asiática, el jengibre y el chile en un bol. Añadimos el atún y mezclamos bien en el adobo. Tapamos y refrigeramos 20 minutos.

Sacamos el atún del adobo y lo pintamos con el aceite de sésamo. Calentamos una parrilla o una sartén de fondo grueso a fuego medio alto y cocemos el atún 2 minutos por cada lado para que esté ligeramente tostado por fuera, pero poco hecho por dentro. Dejamos reposar 5 minutos.

Mezclamos todos los ingredientes del aliño.

Ponemos el aguacate y las verduras en un bol de servir. Cortamos el atún en lonchas y las disponemos encima. Rociamos con un poco de aliño al gusto y espolvoreamos con las semillas de sésamo y las hojas de cilantro.

Ensalada de fideos con ternera

Después de cocinar 10 recetas para mis libros, no suelo tener apetito.
Esta deliciosa ensalada es la excepción. La comería a cualquier hora.

Preparación y cocción:
20 minutos

Para 4 personas

600 g de filete de ternera

200 g de vermicelli de arroz secos

100 g de tirabeques escaldados

½ pepino europeo pelado
y cortado en rodajas de 3 cm

6 tomates cherry cortados
a cuartos

1 cebolla roja pequeña cortada
en rodajas finas

½ taza de hojas de menta
y otra de albahaca tailandesa

1 chile rojo largo sin semillas
y cortado en rodajas finas

Aliño asiático (p. 146)

¼ de taza de cacahuetes tostados
sin sal, picados

1 cucharada de cebolla frita
crujiente, comprada

Asamos el filete de ternera a la parrilla al gusto
(a mí me gusta poco hecho) y lo dejamos enfriar.

Cocemos los fideos según indique el envase
y escurrimos bien.

Cortamos en juliana los tirabeques escaldados
y los introducimos en un bol. Agregamos el pepino,
los tomates, la cebolla roja, los fideos, tres cuartas
partes de la menta, las hojas de albahaca y el chile.
Vertemos la mitad del aliño y mezclamos.

Disponemos la mitad de la ensalada en una fuente.
Cortamos la ternera en lonchas finas y las colocamos
encima. Cubrimos con la ensalada restante y, después,
con el resto de las hierbas aromáticas y el chile.
Esparcimos por encima los cacahuetes y la cebolla
frita. Rociamos con el resto del aliño y servimos
inmediatamente.

Ensalada de col con pollo

Aunque necesita algo de preparación extra, yo nunca me canso de los sabores limpios y fragrantes de Asia de este plato.

Preparación y cocción:
45 minutos

Para 4 personas

Para el pollo marinado

1 tallo de citronela (solo el interior), cortado en rodajas finas

2 cm de jengibre fresco cortado en rodajas finas

2 cucharadas de salsa de pescado asiática

2 cucharadas de zumo de limón

4 pechugas pequeñas de pollo

1 taza de leche de coco

1 taza de agua

Para la ensalada

⅛ de col lombarda y repollo

1 zanahoria pelada

100 g de tirabeques

2 cebolletas cortadas en rodajas finas

½ taza de hojas de cilantro, otra de menta y otra de albahaca tailandesa

1 chile verde sin semillas y cortado en rodajas finas

½ taza de anacardos tostados picados

Aliño de ensalada de col con pollo (p. 152)

Más hojas de cilantro para decorar

Colocamos la citronela, el jengibre, la salsa de pescado, el zumo de limón y las pechugas de pollo en un bol. Frotamos bien el pollo con el adobo y dejamos marinar 20 minutos en la nevera.

Para cocer el pollo, calentamos la leche de coco junto con el agua en una olla a fuego muy lento, le incorporamos las pechugas y cocemos 15 minutos justo por debajo del punto de ebullición. Sacamos el pollo, dejamos enfriar y desmenuzamos.

Colocamos la col, el repollo y las zanahorias, los tirabeques escaldados y laminados, todo ello cortado en juliana, la cebolleta, las hierbas aromáticas, el chile y los anacardos en un bol y esparcimos sobre el pollo desmenuzado.

Rociamos la ensalada con el aliño. Mezclamos e introducimos en un bol de servir. Decoramos con el cilantro adicional.

Ensalada Waldorf de pollo

Ensalada rápida, muy útil para imprevistos. Compra un pollo cocido en el supermercado y prepara esta sabrosa receta. Las sobras quedan deliciosas en un emparedado.

Preparación: 25 minutos

Para 4-6 personas

1 pollo cocido comprado
  o hecho en casa (p. 62)

2 tallos de apio cortados en
  rodajas finas, y partes superiores
  para decorar

½ taza de nueces frescas picadas
  gruesas

1 taza de uvas verdes pequeñas,
  enteras y sin pepitas

1 manzana roja cortada
  en trocitos

Mayonesa de agraz

2 yemas de huevo

1 cucharada de zumo de limón

Sal marina al gusto

¾ de taza de aceite de oliva

2-3 cucharadas de agraz

Retiramos la piel del pollo y desmenuzamos o cortamos la carne en trocitos.

Para preparar la Mayonesa de agraz, batimos la yema de los huevos, el zumo de limón y la sal a mano o a máquina, añadiendo el aceite lenta y constantemente hasta obtener una mayonesa ligera y cremosa. Añadimos poco a poco el agraz al gusto hasta que la mayonesa sea lo bastante espesa para recubrir ligeramente el pollo con ella.

Ponemos el pollo en un bol, agregamos la mayonesa y mezclamos bien. Llevamos a una fuente y vamos disponiendo los demás ingredientes por capas. Decoramos con el apio.

Ensalada de pato pekinés con aliño de tamarindo

Basta cortar un poco y comprar un pato pekinés cocinado para lograr esta sensacional ensalada para ocasiones especiales.

Preparación: 20 minutos

Para 3-4 personas

- 1 pato pekinés comprado ya cocinado
- 1 zanahoria mediana pelada y cortada en rodajas con una mandolina, y después en bastones
- 100 g de tirabeques escaldados y cortados en rodajas
- 3 cebolletas cortadas en rodajas finas
- 2 naranjas en gajos
- ½ pepino libanés pelado, sin semillas y cortado en medias rodajas finas
- 3 tazas de hojas de rúcula o de berro
- Pimienta negra molida al gusto

Aliño de tamarindo
- 2 cucharadas de azúcar de palma rallado
- 2 cucharaditas de pasta de tamarindo
- 1 cucharada de salsa de soja ligera
- 2 cucharaditas de semillas de sésamo tostadas
- 1 cucharada de zumo de naranja

Retiramos la piel del pato y desmenuzamos la carne mientras todavía esté caliente.

Agitamos un tarro cerrado con todos los ingredientes del aliño para mezclarlos. Probamos y rectificamos los sabores según sea necesario.

Colocamos los ingredientes de la ensalada formando capas en una fuente o en platos individuales y servimos como entrante. Sazonamos y rociamos con el aliño al gusto.

Si no queremos desechar la piel del pato, la asamos 30 segundos a la parrilla a fuego medio alto para que quede crujiente y la usamos para cubrir con ella la ensalada.

Ensalada mexicana de ternera

Me gusta que la comida sorprenda. Esta colorida ternera al estilo mexicano lo hace con sus refrescantes toques a lima y a chile.

Preparación y cocción: 30 minutos

Para 4-6 personas

800 g de filete de ternera, sin grasa

3 cucharadas de aceite de oliva

Pimienta negra molida al gusto

1 mazorca de maíz, a la brasa

1 bote de 400 g de judías negras cocidas, lavadas y escurridas

½ pimiento rojo largo cortado en trozos de 2 cm

½ pepino europeo cortado en daditos

1 cebolla roja pequeña cortada en rodajas finas

La pulpa de 1 aguacate firme, pero maduro cortada en dados

2 tomates sin semillas y picados

1 taza de hojas de cilantro

1 diente de ajo rallado fino

2-3 cucharadas de zumo de lima

1-2 chiles rojos sin semillas y picados finos

Sal marina en escamas y pimienta negra molida al gusto

1 lechuga romana pequeña lavada y con las hojas separadas

Cuartos de lima para decorar

Pintamos la ternera con 1 cucharada de aceite de oliva y sazonamos con la pimienta. La asamos a la parrilla 4-5 minutos a fuego medio por cada lado o al gusto. Retiramos del fuego y dejamos reposar y enfriar 10 minutos.

Extraemos los granos de maíz de la mazorca y los disponemos en un bol. Agregamos las judías, el pimiento, el pepino, la cebolla, el aguacate, el tomate y el cilantro.

Mezclamos el ajo, el zumo de lima, el chile, el aceite restante, la sal y la pimienta en un bol para preparar el aliño. Probamos y rectificamos los sabores según sea necesario.

Disponemos las hojas de lechuga en un bol de servir. Cortamos la ternera en lonchas finas y la añadimos con la mezcla de la ensalada a la lechuga. Rociamos con el aliño y decoramos con los cuartos de lima.

Ensalada de gambas al limón con mayonesa de chile

El secreto es disponer de unas gambas frescas de buena calidad. Esta sencilla ensalada sirve tanto de refrigerio como de entrante. Si quieres reducir el tiempo de cocción, puedes comprar gambas hervidas y peladas.

Preparación y cocción:
30 minutos

Para 4 personas

800 g de gambas limpias, peladas y sin el intestino

3 dientes de ajo rallados finos

La ralladura fina de 1 limón

4 cucharadas de zumo de limón

1 cucharadita de copos de chile

⅓ de taza de aceite de oliva

Hojas de cilantro fresco y gajos de limón para decorar

Mayonesa de chile

1 yema de huevo

2 cucharadas de zumo de limón

1 cucharada de vinagre de vino blanco

½ taza de aceite de oliva

1 cucharadita de chile rojo fresco sin semillas, picado fino

1 cucharada de salsa de tomate

Sal marina en escamas y pimienta negra molida al gusto

Ponemos las gambas en un bol con el ajo, la ralladura y el zumo de limón, y los copos de chile. Removemos para mezclar y dejamos marinar 10 minutos en la nevera.

Cuando esté a punto, calentamos una sartén grande a fuego medio y añadimos el aceite. Salteamos las gambas 5-7 minutos o hasta que estén cocidas. Escurrimos, tapamos y dejamos enfriar a temperatura ambiente.

Para preparar la Mayonesa de chile, introducimos la yema de huevo, el zumo de limón y el vinagre en un bol pequeño y batimos mientras añadimos el aceite lenta y continuamente hasta obtener una mayonesa ligera y cremosa. Agregamos el chile y la salsa de tomate, y sazonamos al gusto.

Para servir, disponemos las gambas en una fuente y decoramos con el cilantro fresco y los gajos de limón. Rociamos con la Mayonesa de chile y servimos inmediatamente o refrigeramos hasta el momento de servir.

Ensalada César ahumada

Con su exquisita combinación de texturas, esta ensalada está igual de rica con atún dorado que con pollo cocido.

Preparación y cocción:
20 minutos

Para 4 personas

4 lonchas de beicon sin corteza
2 cucharadas de aceite de oliva
12 rebanadas de baguette
2 huevos pasados por agua, fríos, pelados y cortados a cuartos
1-2 lechuga minirromana lavada, escurrida y con las hojas separadas
300 g de salmón ahumado en caliente
⅛ de taza de parmesano rallado

Aliño César
1 yema de huevo
2 cucharadas de zumo de limón
1 cucharadita de mostaza de Dijon
½ taza de aceite de oliva
2 filetes de anchoa, triturados

Calentamos una sartén a fuego medio y freímos el beicon en la mitad del aceite hasta que esté crujiente. Lo escurrimos sobre papel de cocina. Pintamos las rebanadas de pan con el aceite restante y lo freímos en la grasa del beicon hasta que esté ligeramente dorado.

Para preparar el aliño, ponemos la yema de huevo, el zumo de limón y la mostaza en un bol pequeño y batimos mientras añadimos lenta y continuadamente el aceite hasta obtener una mayonesa ligera y cremosa. Mezclamos con la anchoa triturada.

Disponemos el beicon, el pan, el huevo, la lechuga y el salmón en una fuente y rociamos con el aliño. Decoramos con el parmesano rallado y servimos inmediatamente.

Ensalada niçoise con atún y mayonesa de limón

Mi Mayonesa de limón proporciona a este clásico francés un toque especial.

Preparación y cocción:
30 minutos

Para 4 personas

12-16 patatas Perla hervidas
  y cortadas por la mitad

200 g de judías verdes escaldadas
  y escurridas

4 huevos pasados por agua
  cortados por la mitad

2 tomates en rama cortados
  en cuartos u 8 tomates cherry
  cortados por la mitad

½ taza de hojas de berro o rúcula

180 g de atún enlatado
  al natural escurrido y cortado
  en trozos

½ taza de aceitunas kalamata

Sal marina en escamas y pimienta
  negra molida al gusto

Mayonesa de limón

1 yema de huevo

2 cucharadas de zumo de limón

½ taza de aceite de oliva

1 cucharada de alcaparras lavadas,
  escurridas y picadas gruesas

Pimienta negra molida al gusto

Colocamos todos los ingredientes de la ensalada en una fuente y sazonamos al gusto.

Ponemos la yema de huevo y el zumo de limón en un bol pequeño y batimos mientras añadimos lenta y continuadamente el aceite hasta obtener una mayonesa ligera y cremosa. Agregamos las alcaparras y sazonamos con pimienta.

Servimos el aliño separadamente para rociar con él la ensalada tras servirla.

Con . . .
hortalizas

Ensalada de espárragos con aliño de eneldo y tomate

Sirve esta ensalada como entrante o como parte de una comida veraniega al aire libre.

Preparación y cocción: 15 minutos

Para 4-6 personas

Unos 36 espárragos
  con las puntas cortadas

2 tomates en rama pelados
  y picados finos (con su jugo)

2 cucharadas de vinagre
  de vino tinto

Sal marina en escamas y pimienta
  negra molida al gusto

1 diente de ajo pequeño rallado
  fino

Una pizca de azúcar

2 cucharadas de eneldo fresco
  picado

2 cucharadas de aceite de oliva
  virgen extra

6 tomates cherry amarillos
  cortados a cuartos

Ramitas de eneldo fresco
  para decorar

Escaldamos los espárragos 2 minutos en agua hirviendo a fuego medio alto. Secamos sobre papel de cocina y dejamos enfriar. Una vez fríos, los colocamos en un bol de servir.

Mezclamos el tomate en rama, el vinagre, los condimentos, el ajo, el azúcar, el eneldo y el aceite en un bol pequeño y esperamos 5 minutos a que los sabores se mezclen. Probamos y rectificamos la acidez o el dulzor al gusto.

Rociamos los espárragos con el aliño y los cubrimos con los cuartos de tomate cherry y las ramitas de eneldo.

Ensalada de zanahoria y remolacha rallada

Acompaña esta jugosa ensalada con un poco de cuscús, cebada o atún hervido para convertirla en una comida ligera, rápida y nutritiva.

Preparación: 10 minutos

Para 4-6 personas

2 remolachas crudas grandes peladas y ralladas gruesas

4 zanahorias medianas peladas y ralladas gruesas

½ taza de pasas picadas gruesas

¼ de taza de pistachos picados gruesos

1 taza bien llena de hojas de menta picadas gruesas, y más para decorar

½ taza bien llena de hojas de rúcula

Sal marina en escamas y pimienta negra molida al gusto

Aliño de granada

2 cucharadas de melaza de granada

1 cucharada de vinagre balsámico

3 cucharadas de aceite de oliva virgen extra

¼ de taza de zumo de naranja recién exprimido

1 cucharada de zumo de limón

Ponemos todos los ingredientes de la ensalada en un bol.

Mezclamos todos los ingredientes del aliño. Probamos y rectificamos los sabores según sea necesario.

Aderezamos la ensalada con el aliño y la colocamos en una fuente. Decoramos con las hojas de menta picadas adicionales.

Ensalada de remolacha con habas

Cocer la remolacha es algo complicado, pero su exquisito sabor merece el esfuerzo.

Preparación y cocción: 1 hora

Para 4 personas

20 remolachas baby con la base cortada

3 dientes de ajo rallados finos

Sal marina en escamas y pimienta negra molida al gusto

2 cucharadas de aceite de oliva

1 cebolla roja pequeña cortada en rodajas finas

1½ tazas de habas congeladas escaldadas y peladas

100 g de queso feta de vaca

Aliño de nueces y eneldo

1 diente de ajo rallado fino

2 cucharadas de zumo de limón

1 cucharada de aceite de oliva virgen extra

1 cucharada de aceite de nuez

1 cucharada de eneldo picado

Sal marina en escamas al gusto

Precalentamos el horno a 180 °C.

Colocamos la remolacha en un bol junto con el ajo, los condimentos y el aceite, y mezclamos bien. Ponemos la remolacha en una fuente de horno, la tapamos con papel de aluminio y la asamos 30-40 minutos hasta que esté tierna.

Agitamos un tarro cerrado con todos los ingredientes del aliño para mezclarlos. Probamos y rectificamos los sabores según sea necesario.

Una vez esté asada la remolacha, la sacamos del horno y la reservamos.

Disponemos la remolacha, la cebolla roja y las habas en un bol de servir. Rociamos con el aliño y desmenuzamos el queso feta por encima.

Coles de Bruselas con miel y vinagre balsámico

Ligeramente aliñada, mi ensalada de coles de Bruselas es deliciosa sola o servida con ternera o cordero a la plancha.

Preparación y cocción:
15 minutos

Para 4 personas

16 coles de Bruselas con la base
    cortada
8 lonchas de panceta, crujiente,
    a la plancha
Parmesano rallado para decorar

Aliño de miel y vinagre
**   balsámico**
3 cucharadas de aceite de oliva
    virgen extra
2 cucharaditas de miel
1 cucharada de vinagre balsámico
1-2 cucharadas de zumo de limón
2 cucharaditas de mostaza
    de Dijon
Sal marina en escamas y pimienta
    negra molida al gusto

Cortamos las coles de Bruselas en láminas finas con una mandolina y las esparcimos en una fuente. Partimos la panceta y la repartimos por encima.

Agitamos un tarro cerrado con todos los ingredientes del aliño para mezclarlos. Probamos y rectificamos los sabores según sea necesario.

Rociamos las coles y la panceta con el aliño y cubrimos con el parmesano rallado.

Ensalada picante de col

Sencilla y picante, esta ensalada de col acompaña a la perfección un asado de cerdo, un pescado blanco frito o un plato de salmón.

Preparación: 10 minutos

Para 4 personas

¼ de col de Milán cortada en juliana

½ pepino europeo pelado, sin semillas y cortado en dados

2 tomates medianos cortados en dados grandes

½ cebolla roja cortada en rodajas finas

1 taza bien llena de hojas de cilantro, picadas gruesas

1 chile rojo sin semillas y cortado en rodajas finas

6 rábanos cortados en rodajas finas con la mandolina

2 tallos de apio cortados en rodajas finas

Pimienta negra molida al gusto

Más hojas de cilantro para decorar

Aliño

1 cucharada de aceite vegetal

1 cucharada de miel

1 cucharada de salsa de pescado asiática

2-3 cucharadas de zumo de limón

1 chile rojo pequeño, sin semillas y picado fino

Colocamos la col, el pepino, el tomate, la cebolla roja, el cilantro picado, el chile, el rábano y el apio en un bol. Sazonamos y mezclamos con cuidado.

Mezclamos el aceite, la miel, la salsa de pescado asiática, el zumo de limón y el chile, agregamos a la col y mezclamos de nuevo. Probamos y rectificamos los sabores según sea necesario. Decoramos con las hojas de cilantro adicionales.

Ensalada de maíz, tomate y queso feta

Esta sabrosa y colorida ensalada puede comerse sola o servirse con un sustancioso filete de ternera o asado.

Preparación y cocción:
20 minutos

Para 4 personas

2 mazorcas grandes de maíz
   sin la cascarilla

2 tomates en rama cortados
   en gajos

½ cebolla roja cortada
   en rodajas finas

¼ de taza de hojas de perejil
   italiano picadas gruesas

¼ de taza de hojas de menta
   picadas gruesas

¾ de taza de hojas de rúcula

2-3 cucharadas de aceite de oliva
   virgen extra

2 cucharadas de zumo de limón

Sal marina en escamas y pimienta
   negra molida al gusto

¼ de taza de piñones tostados

100 g de queso feta de vaca,
   desmenuzado

Asamos las mazorcas a la parrilla a fuego medio 5 minutos o hasta que estén ligeramente tostadas y muy amarillas.

Extraemos los granos de la mazorca con la ayuda de un cuchillo y los colocamos en un bol. Agregamos el tomate, la cebolla, el perejil, la menta y las hojas de rúcula, y mezclamos con cuidado.

Mezclamos el aceite, el zumo de limón y los condimentos al gusto.

Ponemos la ensalada en un bol de servir y le vertemos el aliño por encima. Espolvoreamos con los piñones y el queso feta, y servimos inmediatamente.

Ensalada de berenjena y cacahuetes con aliño de yogur a las hierbas

Prueba esta fragrante ensalada con cordero o pollo asado, o con cereales y recubierta con el Aliño de yogur a las hierbas.

Preparación y cocción:
40 minutos

Para 4-6 personas

2 berenjenas medianas, cortadas en trozos de 5 cm

1 cucharadita de cilantro molido

1 cucharadita de pimentón dulce

1 cucharadita de comino molido

1 cucharadita de copos de chile

1 cucharadita de cúrcuma

½ cucharadita de sal

¼ de taza de aceite de oliva

¾ de taza de cacahuetes tostados sin sal, picados gruesos

1 taza bien llena de hojas de cilantro

1 cucharada de aceite de oliva extra para rociar

Aliño de yogur a las hierbas

1¼ de taza de yogur griego sin azúcar

2 cucharadas de zumo de limón

1 diente de ajo, rallado

1 cucharada de aceite de oliva

Sal marina en escamas al gusto

Precalentamos el horno a 220 °C. Cubrimos una fuente de horno con papel de hornear.

Introducimos la berenjena en un bol, le agregamos las especias, la sal y el aceite de oliva, y mezclamos bien. Ponemos la berenjena en la fuente de horno y la asamos 30 minutos, dándole la vuelta a la mitad de ese tiempo.

Cuando la berenjena esté tierna y dorada, la sacamos del horno y la dejamos enfriar a temperatura ambiente. Incorporamos la mitad de los cacahuetes y el cilantro, y lo colocamos todo en una bandeja de servir. Cubrimos con el resto de los cacahuetes y el cilantro. Rociamos con aceite de oliva extra.

Batimos todos los ingredientes del aliño a mano o a máquina y rectificamos la sazón al gusto. Rociamos la ensalada con el aliño o lo servimos separadamente.

Ensalada de hortalizas con aliño picante de tomate

Esta ensalada de temporada, con mucho crujiente y colorido, se ha convertido en habitual para mí, ya que normalmente tengo los ingredientes a mano. A menudo le añado unas cuantas rodajas gruesas de zanahoria.

Preparación: 20 minutos

Para 4-6 personas

1 pimiento rojo largo

1 pepino europeo mediano

1 chile verde largo, sin semillas y cortado en rodajas finas

1 cebolla roja pequeña cortada en rodajas finas

6 rábanos, cortados a cuartos

¼ de taza de hojas de perejil italiano picadas gruesas

¼ de taza de hojas de eneldo picadas gruesas (opcional)

2 tomates, troceados

1 taza bien llena de hojas de rúcula

Aliño picante de tomate

1 tomate grande, firme pero maduro, rallado (con su jugo)

1 cucharada de vinagre de vino tinto

1 cucharadita de melaza de granada

2 cucharadas de aceite de oliva virgen extra

1 diente de ajo pequeño rallado fino

Sal marina en escamas y pimienta negra molida al gusto

Cortamos el pimiento por la mitad, le quitamos las semillas y lo cortamos en trozos de 3 cm. Pelamos y quitamos las semillas del pepino, y lo cortamos en trozos de 3 cm. Los colocamos en un bol de servir e incorporamos el resto de los ingredientes de la ensalada.

Agitamos un tarro cerrado con todos los ingredientes del aliño para mezclarlos. Vertemos el aliño sobre la ensalada y mezclamos bien. Servimos inmediatamente.

Ensalada veraniega de aguacate y maíz

El maíz combina a la perfección con el aguacate y la rúcula en esta ensalada rápida y fácil de preparar, perfecta para acompañar las barbacoas veraniegas.

Preparación y cocción:
20 minutos

Para 4 personas

3 mazorcas de maíz
 sin la cascarilla

1 chile verde, sin semillas
 y picado fino

2 cebolletas cortadas
 en rodajas finas

¼ de taza de hojas de cilantro
 fresco

La pulpa de 1 aguacate grande,
 firme pero maduro, cortada
 en dados grandes

Aliño

2 tomates grandes rallados
 (reservamos su jugo)

1 diente de ajo, rallado fino

1 chile rojo pequeño,
 sin semillas y picado fino

Una pizca de azúcar

Sal marina en escamas y pimienta
 negra molida al gusto

2-3 cucharadas de aceite de oliva
 virgen extra

1 cucharada de hojas de menta
 picadas finas

Asamos las mazorcas de maíz a la parrilla a fuego medio 5 minutos o hasta que estén ligeramente tostadas y muy amarillas.

Extraemos los granos de la mazorca con la ayuda de un cuchillo y los colocamos en un bol. Añadimos el chile verde, la cebolleta, el cilantro y el aguacate, y mezclamos con cuidado.

Para preparar el aliño, mezclamos el tomate, junto con su jugo, el ajo, el chile rojo, el azúcar, los condimentos, el aceite de oliva y la menta. Rociamos la ensalada con el aliño y la servimos inmediatamente.

Ensalada vegetariana de fideos con aliño asiático

Rebosante de colores y de texturas, esta ensalada resulta igual de deliciosa sola que servida con carne o pescado a la brasa.

Preparación y cocción:
20 minutos

Para 4-6 personas

2 cebolletas con la base cortada

100 g de fideos de arroz cocidos
   y escurridos

100 g de tirabeques escaldados
   y laminados

1 chile rojo largo, sin semillas
   y cortado en rodajas finas

1 taza de col lombarda cortada
   en juliana

1-2 zanahorias peladas cortadas

1 pimiento rojo largo cortado
   en rodajas finas

½ cebolla roja cortada
   en rodajas finas

½ taza de menta y otra de cilantro

¼ de taza de cacahuetes
   o anacardos picados gruesos

Aliño asiático

La ralladura fina de 1 limón

6 cucharadas de zumo de limón

2-3 cucharadas de salsa
   de pescado asiática

2 cucharadas de azúcar
   de palma rallado

1 cucharada de aceite vegetal

Cortamos las cebolletas por la mitad y, después, en juliana. Las colocamos en un bol lleno de agua en la nevera hasta que se curven (unos 15 minutos).

Introducimos el resto de los ingredientes de la ensalada en un bol y los mezclamos con cuidado.

Cuando vayamos a servir, mezclamos los ingredientes del aliño y removemos para disolver el azúcar de palma. Probamos y rectificamos los sabores según sea necesario. Disponemos la ensalada en un bol de servir y rociamos con el aliño.

Ensalada de endivias e hinojo con aliño de menta y naranja

La combinación de sabores del hinojo, las endivias y la naranja de esta ensalada es ideal para acompañar un plato de cerdo, pollo o pescado azul.

Preparación: 20 minutos

Para 4 personas

1 endivia con la base cortada y las hojas separadas

2 bulbos de hinojo medianos, con sus hojas

1 naranja

1 naranja sanguina

1 tallo de apio y las partes superiores

½ taza bien llena de hojas de menta

½ taza bien llena de ramitas de berro

¼ de taza de almendras tostadas picadas gruesas

Aliño de menta y naranja

2 cucharadas de vinagre de vino blanco

2 cucharaditas de azúcar moreno

2 cucharadas de hojas de menta picadas finas

1 diente de ajo rallado fino

1 cucharada de mostaza de Dijon

2 cucharadas de aceite de oliva virgen extra

Disponemos las hojas de endivia en una fuente.

Quitamos las capas exteriores y duras de los bulbos de hinojo y los cortamos en rodajas finísimas con una mandolina. Cortamos los gajos de las naranjas en un bol para reservar el jugo que usaremos en el aliño. Cortamos el tallo de apio en rodajas finas.

Esparcimos el hinojo cortado y sus partes superiores, los gajos de naranja, el apio y sus partes superiores, la menta, el berro y las almendras por encima de la endivia.

Agitamos un tarro cerrado con todos los ingredientes del aliño y el jugo reservado de las naranjas para mezclarlos. Probamos y rectificamos los sabores según sea necesario. Rociamos la ensalada con el aliño y la servimos inmediatamente.

Ensalada primaveral

Esta ensalada verde, compuesta por verduras de primavera y verano, es perfecta para las barbacoas. Acompáñala con la Vinagreta clásica o con la Vinagreta de Shirley (p. 153).

Preparación y cocción:
10 minutos

Para 4-6 personas

200 g de judías verdes redondas, con las puntas cortadas y escaldadas 2 minutos

12 guisantes dulces

12 tirabeques

¼ de taza de Vinagreta clásica (p. 148)

½ taza de brotes de guisante

Sumergimos las judías verdes en agua fría, las escurrimos y secamos sobre papel de cocina.

Escaldamos los guisantes dulces y los tirabeques 30 segundos hasta que se vuelvan muy verdes. Escurrimos, secamos y cortamos longitudinalmente por la mitad para dejar los guisantes al descubierto.

Colocamos las judía, los guisantes y los tirabeques en un bol de servir y vertemos por encima la vinagreta con la ayuda de una cuchara. Decoramos con brotes de guisante.

Ensalada de patatas con aliño de suero de leche

Aliñada con suero de leche, esta ensalada es el complemento perfecto para el salmón, el pollo y el pescado frito o a la plancha.

Preparación y cocción:
30 minutos

Para 4-6 personas

1 kg de patatas

2 cucharadas de vinagre
  de vino blanco

1 diente de ajo rallado fino

Sal marina en escamas y pimienta
  negra molida al gusto

½ taza de suero de leche
  (buttermilk)

2 cucharadas de aceite de oliva
  virgen extra

2 cucharadas de zumo de limón

¼ de taza de eneldo fresco picado

Más ramitas de eneldo
  para decorar

Cocemos las patatas 15-20 minutos hasta que estén tiernas. Las cortamos por la mitad mientras todavía estén calientes.

Mezclamos el vinagre y el ajo, e incorporamos con cuidado las patatas calientes. Tapamos, esperamos 10 minutos y sazonamos bien.

Mezclamos el suero de leche, el aceite de oliva, el zumo de limón y el eneldo picado.

Ponemos las patatas en un bol de servir y las rociamos con el aliño. Decoramos con las ramitas de eneldo adicionales.

Ensalada de patatas con pesto y huevos pasados por agua

Siempre exquisita, esta ensalada de patatas es básica para las barbacoas veraniegas, especialmente si se combina con un pesto aromático de albahaca. También es perfecta para un pícnic.

Preparación y cocción:
25 minutos

Para 4-6 personas

4 huevos pequeños,
   a temperatura ambiente
800 g de patatas lavadas
½ taza de pesto de albahaca
   comprado, o de Pesto de perejil
   y albahaca (p. 152)
¼ de taza de hojas de albahaca
   fresca

Introducimos los huevos en un cazo con agua fría y llevamos a ebullición a fuego medio alto. Dejamos cocer 1-2 minutos a fuego lento hasta que esté cocida la clara y la yema esté ligeramente líquida. Sumergimos en agua fría y pelamos.

En otro cazo, cocemos las patatas 15-20 minutos hasta que estén tiernas. Escurrimos bien y cortamos por la mitad o dejamos enteras, según prefiramos.

Si usamos pesto comprado, le añadimos 1-2 cucharadas de aceite de oliva. Ponemos las patatas en un bol de servir y las mezclamos bien con el pesto.

Cortamos los huevos por la mitad y los colocamos en la ensalada. Decoramos con hojas de albahaca.

Ensalada de tomate, limón y albahaca

Elige tomates maduros para esta refrescante ensalada. A mí me gusta comerla con una rebanada de pan de corteza dura para rebañar el plato.

Preparación y cocción:
30 minutos

Para 4-6 personas

2 limones, cortados en medias rodajas finas

3 cucharadas de aceite de oliva virgen extra

½ cucharada de azúcar moreno claro

500 g de tomates (de cualquier tipo, a poder ser variados), cortados en rodajas finas, a cuartos o por la mitad

Sal marina en escamas y pimienta negra molida al gusto

1 cebolla roja pequeña cortada en rodajas finas

½ taza holgada de hojas de perejil italiano

½ taza bien llena de hojas de albahaca

1 cucharada de melaza de granada

1 ½ cucharada de vinagre de vino tinto

Precalentamos el horno a 180 °C. Cubrimos una bandeja de horno con papel de hornear.

Escaldamos 1 minuto las rodajas de limón en 1 taza de agua hirviendo. Secamos bien sobre papel de cocina. Las introducimos en un bol, agregamos el aceite y el azúcar, y mezclamos bien. Colocamos el limón formando una sola capa en la bandeja de horno y asamos 20 minutos o hasta que las rodajas se sequen un poco.

Sacamos las rodajas de limón del horno y las dejamos enfriar.

Disponemos los tomates en una fuente y los sazonamos. Esparcimos por encima la cebolla y las hierbas aromáticas.

Mezclamos la melaza y el vinagre, y rociamos con ellos el tomate. Esparcimos por encima el limón y servimos inmediatamente.

Ensalada de verduras asadas

Ideal para acompañar carne o pescado a la plancha, esta sabrosa ensalada puede prepararse con mucha antelación.

Preparación y cocción:
45 minutos

Para 4-6 personas

2 remolachas medianas, peladas y cortadas en gajitos

2 boniatos amarillos, pelados y cortados en trozos de 3 cm

3 zanahorias medianas, peladas y cortadas en trozos de 3 cm

4 cucharadas de aceite de oliva

Sal marina en escamas y pimienta negra molida al gusto

2 cebollas rojas, cortadas en gajos medianos

1 pimiento rojo sin semillas y cortado en trocitos

1 pimiento amarillo, sin semillas y cortado en trocitos

1 taza de tomates cherry rojos o amarillos

2 cucharadas de vinagre balsámico

Aceite de oliva virgen extra para rociar (opcional)

Precalentamos el horno a 220 °C.

Introducimos la remolacha, el boniato y las zanahorias en un bol y mezclamos con la mitad del aceite. Sazonamos bien. Lo disponemos todo formando una sola capa en una bandeja de horno grande y lo asamos en el horno 15 minutos hasta que estén tiernos y empiecen a dorarse.

Colocamos la cebolla y el pimiento en un bol junto con el aceite restante y sazonamos. Mezclamos con la remolacha, el boniato y las zanahorias de la bandeja. Extendemos formando una sola capa y seguimos asando 15 minutos más hasta que estén tiernos.

Agregamos los tomates y asamos 5 minutos más.

Sacamos las verduras del horno y aliñamos con vinagre balsámico. Lo ponemos en una fuente y servimos caliente tras rociar, si queremos, con un poco de aceite de oliva virgen extra.

Ensalada formidable de col

Rápida y fácil de preparar, esta ensalada está riquísima en un emparedado de jamón cocido, sola o servida con ternera o pollo asados o a la plancha.

Preparación: 10 minutos

Para 4-6 personas

2 tazas de repollo o col de Milán
   cortado en juliana

3-4 tazas de col lombarda cortada
   en juliana

3 cebolletas, cortadas en rodajas
   finas

1 taza bien llena de hojas
   de menta, picadas gruesas

1 taza bien llena de hojas
   de cilantro, picadas gruesas

½ taza de anacardos crudos,
   picados gruesos

⅓ de taza de semillas y frutos
   secos variados (p. ej., piñones,
   almendras, semillas de calabaza
   y de girasol)

1 manzana dulce, cortada
   en dados

Pimienta negra molida al gusto

Aliño picante

2 cucharadas de aceite de sésamo

2 cucharadas de aceite
   de cacahuete

2 cucharadas de vinagre de arroz

1 cucharadita de salsa tamari

½ chile rojo, sin semillas y cortado
   en rodajas finas

1 cucharadita de miel

Colocamos todos los ingredientes de la ensalada en un bol, sazonamos y mezclamos bien.

Agitamos un tarro cerrado con todos los ingredientes del aliño para mezclarlos. Probamos, rectificamos los sabores según sea necesario y agregamos a la ensalada. Servimos inmediatamente.

Ensalada de coliflor y espinacas

Una ensalada para el invierno, deliciosa al servirse con curris y dahls.

Preparación y cocción:
45 minutos

Para 4-6 personas

2 cebollas grandes, cortadas en rodajas finas

3 cucharadas de aceite de oliva

1 cucharada de mantequilla

1 cucharadita de azúcar moreno

Pimienta negra molida al gusto

¼ de taza de aceite de girasol

½ cucharadita de sal

1 cucharadita de curry en polvo

1 cucharadita de semillas de comino

1 cucharadita de garam masala

1 cucharadita de semillas de mostaza

1 cucharadita de cúrcuma

1 coliflor pequeña, partida en cabezuelas pequeñas

1 taza bien llena de hojas de espinacas

2 cucharadas de zumo de limón

¾ de taza de yogur griego sin azúcar

Sal marina en escamas al gusto

Hojas de cilantro para decorar

Colocamos la cebolla, el aceite de oliva, la mantequilla, el azúcar y la pimienta en una sartén de fondo grueso a fuego medio y cocemos 20 minutos hasta que la cebolla se caramelice y esté muy blanda y dulce.

En otra sartén, calentamos a fuego medio el aceite de girasol, la sal y las especias, y cocemos 1 minuto o hasta que las semillas exploten. Incorporamos las cabezuelas de coliflor y cocemos 10 minutos. Una vez estén tiernas, retiramos del fuego, mezclamos con la cebolla caramelizada y dejamos enfriar a temperatura ambiente.

Añadimos las espinacas y lo ponemos todo en una fuente.

Agregamos el zumo de limón al yogur y salamos. Vertemos sobre la ensalada con la ayuda de una cuchara o servimos separadamente. Decoramos con hojas de cilantro.

Ensalada picante de zanahorias

Esta bonita ensalada puede servirse fría en verano o caliente en invierno para acompañar guisos y tajines.

Preparación y cocción:
45 minutos

Para 4-6 personas

Unas 30 zanahorias baby,
  con la parte superior cortada,
  lavadas, escurridas y secadas,
  o 6-8 zanahorias medianas,
  peladas y cortadas en juliana
¼ de cucharadita de jengibre
  molido
½ cucharadita de cilantro molido
½ cucharadita de comino molido
2 cucharadas de aceite de oliva
1 cucharadita de miel
Sal marina en escamas y pimienta
  negra molida al gusto
½ taza de pasas
1 chile rojo largo, sin semillas
  y cortado en rodajas finas
1 cucharada de miel, extra
1 cucharada de vinagre de vino
  tinto
1 cucharada de aceite de oliva
  virgen extra
¼ de taza de piñones tostados
1 taza de hojas de cilantro fresco

Precalentamos el horno a 175 °C.

Colocamos las zanahorias preparadas en un bol. Mezclamos las especias, la primera medida de aceite y la miel para obtener una pasta, la incorporamos a las zanahorias y salpimentamos. Disponemos las zanahorias en una sola capa en una fuente de horno y las asamos 25-30 minutos o hasta que estén tiernas. Cuando falten 10 minutos, agregamos las pasas.

Sacamos del horno y añadimos el chile, la miel, el vinagre y la segunda medida de aceite.

Lo ponemos en una fuente y decoramos con los piñones y el cilantro. Servimos caliente.

Ensalada de pimiento asado y tomate

Es una versión de los pimientos rellenos que yo uso como ensalada, servida a temperatura ambiente. Combina a la perfección con cordero y cerdo asado o a la brasa, o con pescado blanco a la plancha.

Preparación y cocción:
35 minutos

Para 8 personas

4 pimientos pequeños,
  de tamaños similares
  (rojos, amarillos o naranjas),
  sin semillas y cortados por
  la mitad

16 tomates cherry

2-3 dientes de ajo, rallados finos

Sal marina en escamas y pimienta
  negra molida al gusto

6 filetes de anchoa, triturados

½ taza de hojas de albahaca fresca

¼ de taza de aceite de oliva virgen
  extra

1 cucharada de vinagre balsámico
  (opcional)

Precalentamos el horno a 180 °C.

Colocamos los pimientos en una bandeja de horno formando una sola capa, con la piel abajo.

Ponemos dos tomates cherry en cada pimiento y cubrimos con ajo rallado. Lo sazonamos bien y cubrimos con un poco de anchoa triturada. Espolvoreamos con las hojas de albahaca, rociamos con el aceite de oliva y asamos 20-25 minutos hasta que estén tiernas y desprendan aroma.

Dejamos enfriar y cubrimos con las demás hojas de albahaca fresca. Podemos rociar con vinagre balsámico.

Ensalada de queso, tomate y pan integral

Las ensaladas con pan rústico tienen que comerse al instante. Esta es mi versión rápida y fácil de preparar para el fin de semana.

Preparación: 10 minutos

Para 4-6 personas

- 4 tomates grandes, firmes pero maduros
- ½ cebolla roja, picada fina
- Pimienta negra molida al gusto
- 2-3 cucharadas de alcaparras, lavadas y picadas gruesas
- 3 cucharadas de hojas de perejil italiano picadas gruesas
- ¼ de taza de aceitunas kalamata sin hueso, cortadas por la mitad
- 1 cucharada de vinagre de vino tinto
- 3 cucharadas de aceite de oliva virgen extra
- 2 tazas de pedacitos de pan integral rústico
- 80 g de queso tierno (de cabra, mozzarella fresca o requesón)
- ½ cucharadita de zaatar
- Más hojas de perejil italiano para decorar

Cortamos los tomates en trozos de 2 cm y los ponemos en un bol con la cebolla roja, la pimienta, las alcaparras, el perejil, las aceitunas, el vinagre, el aceite y el pan. Mezclamos bien hasta que el pan se ablande un poco. Puede que necesitemos un poquito más de aceite.

Lo ponemos todo en una fuente y cubrimos con trocitos de queso. Espolvoreamos primero con el zaatar y luego con hojas de perejil adicionales. Servimos inmediatamente.

Ensalada de tomates tradicional

Esta ensalada, sabrosa y muy rápida de preparar, puede servirse todo el verano con sobras frías de cordero, ternera o jamón curado o cocido.

Preparación: 10 minutos

Para 4-6 personas

1 tomate verde

1 tomate naranja o amarillo

1 tomate rojo en rama

1 tomate pera

6 tomates cherry negros, cortados por la mitad

120 g de queso feta de vaca

¼ de cebolla roja pequeña, cortada en rodajas finas

1 cucharada de cebollino picado fino

Una pizca de sal marina en escamas

Pimienta negra molida al gusto

1 cucharada de aceite de oliva virgen extra a la pimienta

Cortamos los tomates en rodajas no muy gruesas y las disponemos en una fuente.

Esparcimos por encima con el queso feta desmenuzado, la cebolla roja y los cebollinos. Salpimentamos, rociamos con aceite de oliva y servimos a temperatura ambiente.

Aliños

Alioli al limón

Un maravilloso aliño de ajo para servir con mi Ensalada de pimiento asado y tomate (p. 138) o para acompañar ensaladas de hortalizas frescas.

Preparación: 15 minutos

Para 1¼ de taza

2 yemas de huevo duro, ralladas
1 yema de huevo crudo
4 dientes de ajo, rallados finos
1-2 cucharadas de agua
300 ml de aceite de oliva
Sal marina en escamas
Pimienta negra molida
1 cucharada de zumo de limón

Batimos las yemas de huevo duro, la de huevo crudo y el ajo hasta obtener una mezcla cremosa. Incorporamos el agua y añadimos el aceite de oliva gota a gota hasta que espese. Sazonamos al gusto y añadimos el zumo de limón.

Aliño asiático

Un aliño aromático que va bien con ensaladas de verduras, y con ensaladas asiáticas de fideos con ternera y pollo.

Preparación: 5 minutos

Para ½ taza

3 cucharadas de salsa de soja
1 cucharadita de salsa tabasco
2 dientes de ajo, rallados finos
1 cucharadita de azúcar
¼ de taza de aceite de oliva virgen extra
1 cucharada de aceite de sésamo
3 cucharadas de vinagre de vino tinto
Pimienta negra molida

Agitamos un tarro cerrado con todos los ingredientes del aliño para mezclarlos.

Aliño de granada y albahaca

Este aliño combina bien con tomates y verduras amargas como la achicoria o las espinacas.

Preparación: 5 minutos

Para ¾ de taza

150 ml de aceite de oliva virgen extra
1 cucharada de zumo de limón
1 cucharadita de azúcar
1 cucharada de melaza de granada
2 cucharadas de albahaca fresca picada
1 diente de ajo, rallado fino
Pimienta negra molida al gusto

Agitamos un tarro cerrado con todos los ingredientes del aliño para mezclarlos. Probamos y rectificamos los sabores según sea necesario.

Aliño de olivas negras

Un aliño ligeramente salado para servir con tomates maduros y verduras de verano.

Preparación: 15 minutos

Para ¾ de taza

80 ml de aceite de oliva virgen extra
1 cucharada de vinagre de vino tinto
⅓ de taza de aceitunas kalamata sin hueso y picadas finas
1 huevo duro frío, rallado
1 cebolleta, picada fina
⅓ de taza de perejil italiano picado fino
Pimienta negra molida al gusto

Batimos el aceite y el vinagre en un bol. Añadimos los demás ingredientes y mezclamos. Usamos inmediatamente.

Vinagreta clásica

Ideal con cualquier ensalada de hojas. A veces, la preparo con vinagre de vino tinto o vinagre balsámico.

Preparación: 5 minutos

Para ¼ de taza

4 cucharadas de aceite de oliva virgen extra
1 cucharada de vinagre de vino blanco
o de zumo de limón
2 cucharaditas de mostaza de Dijon
Sal marina en escamas y pimienta negra
molida al gusto

Agitamos un tarro cerrado con todos los ingredientes del aliño para mezclarlos. Probamos y rectificamos los sabores según sea necesario.

Mayonesa de huevo entero

Me encanta el ritual y la magia de preparar este aliño a mano, pero con un robot de cocina o con una batidora se va más deprisa. Asegúrate de que todos los ingredientes estén a temperatura ambiente antes de empezar. Usa aceite de oliva (no virgen extra porque se vuelve más amargo al batirlo) o una combinación de aceite vegetal y de oliva.

Preparación: 10 minutos

Para 1½ tazas

2 yemas de huevo
1-2 cucharadas de vinagre de vino blanco
o de zumo de limón
1 cucharadita de mostaza de Dijon
1¼ de taza de aceite de oliva ligero (aprox.)
Sal marina en escamas al gusto
Pimienta negra molida fina (opcional)

Introducimos las yemas de huevo, el vinagre o el zumo de limón y la mostaza en un bol. Añadimos el aceite gota a gota mientras batimos a mano o a máquina hasta que la mezcla emulsione y empiece a espesar. Seguimos añadiendo aceite lenta y continuadamente hasta obtener el espesor deseado. Para diluir la mayonesa, añadimos más vinagre o zumo de limón. Sazonamos al gusto.

Vinagreta de ajo

Aliño espléndido para muchas ensaladas distintas. Para obtener un sabor más rico y menos penetrante, envuelve una cabeza de ajo y dos cucharaditas de aceite de oliva en un pedazo de papel de aluminio y ásalo 35 minutos en el horno a 180 °C o hasta que esté blando. Una vez frío, corta el ajo por la mitad, exprime la pulpa cocida en la vinagreta y remuévela bien.

Preparación: 5 minutos

Para ¼ de taza

4 cucharadas de aceite de oliva virgen extra
1 cucharada de vinagre de vino blanco o de zumo de limón
2 cucharaditas de mostaza de Dijon
1 diente de ajo, rallado fino
Sal marina en escamas y pimienta negra molida al gusto

Agitamos un tarro cerrado con todos los ingredientes del aliño para mezclarlos. Probamos y rectificamos los sabores según sea necesario.

Aliño de rábano

Este estupendo aliño realza cualquier emparedado de ternera o salmón con ensalada.

Preparación: 5 minutos

Para 1 taza

½ taza de yogur griego sin azúcar
2 cucharadas de queso para untar suave
¼ de taza de rábano, fresco o picante, rallado
1 cucharada de cebollinos picados
1 cucharada de zumo de limón
1 cucharada de vinagre de sidra
Sal marina en escamas y pimienta negra molida al gusto

Batimos el yogur, el queso, el rábano, los cebollinos, el zumo de limón, el vinagre y los condimentos en un bol. Añadimos un poco de agua o de zumo de limón adicional para diluir el aliño si es necesario.

Vinagreta de cebollino y limón

Fresca, y con un riquísimo sabor a hierbas, es ideal para aliñar ensaladas de hojas o tomates.

Preparación: 5 minutos

Para ¼ de taza

¼ de taza de aceite de oliva virgen extra
La ralladura fina de 1 limón
2 cucharadas de zumo de limón
1 diente de ajo, rallado fino
2 cucharaditas de cebollinos picados finos
Sal marina en escamas y pimienta negra molida al gusto

Agitamos un tarro cerrado con todos los ingredientes del aliño para mezclarlos. Rectificamos los sabores al gusto.

Vinagreta de lima

Ideal para aliñar aguacates, mazorcas de maíz o pescado y pollo a la plancha.

Preparación: 10 minutos

Para 1¼ de taza

¼ de taza de zumo de lima
1 cucharada de miel
1 cucharadita de mostaza de Dijon
1 diente de ajo, rallado fino
Sal marina en escamas y pimienta negra molida al gusto
⅓ de taza de aceite de colza
Zumo de lima, nata o yogur sin azúcar, según sea necesario
3 cucharadas de hojas de cilantro picadas

Mezclamos el zumo de lima, la miel, la mostaza, el ajo y los condimentos con ayuda de un robot de cocina. Sin pararlo, añadimos el aceite gota a gota hasta que la salsa espese y, entonces, seguimos agregándole aceite lenta y continuadamente. Para diluir la salsa, usamos un poco de zumo de limón, yogur o nata. Incorporamos el cilantro.

Aliño de menta

El sabor fresco y ligeramente ácido del vinagre de champán dan brío a las ensaladas de patatas, de verduras asadas y las ensaladas de cereales.

Preparación: 5 minutos

Para ¾ de taza

⅓ de taza de vinagre de champán
1 cucharada de miel
½ taza de aceite de colza
1 taza de hojas de menta picadas finas
Sal marina en escamas y pimienta negra
  molida al gusto

Agitamos un tarro cerrado con todos los ingredientes del aliño para mezclarlos. Probamos y rectificamos los sabores según sea necesario.

Mayonesa de parmesano

Esta cremosa mayonesa es ideal para aliñar una ensalada de pasta o de gajos de lechuga iceberg, o para untar emparedados.

Preparación: 10 minutos

Para ¾ de taza

1 yema de huevo
1 diente de ajo, rallado fino
2 cucharadas de zumo de limón
1 cucharadita de mostaza de Dijon
½ taza de aceite de oliva
3 filetes de anchoa, triturados
3 cucharadas de parmesano rallado
2 cucharadas de yogur espeso sin azúcar
Pimienta negra molida al gusto

Batimos la yema de huevo, el ajo, el zumo de limón y la mostaza en un bol pequeño, y añadimos lenta y continuadamente el aceite de oliva para obtener una mayonesa cremosa. Incorporamos la anchoa, el parmesano, el yogur y los condimentos al gusto.

Pesto de perejil y albahaca

El espesor de este refrescante aliño variará según la cantidad de aceite que le añadas. Úsalo con cereales, huevos o patatas, o como salsa para pollo cocido o a la brasa.

Preparación: 10 minutos

Para 1¼ de taza

1 taza bien llena de hojas de albahaca
1 taza bien llena de hojas de perejil italiano
½ taza de piñones
½ taza de parmesano rallado
Sal marina en escamas y pimienta negra molida al gusto
200-225 ml de aceite de oliva

Introducimos la albahaca, el perejil, los piñones y el parmesano en una batidora o un robot de cocina y activamos unos segundos para mezclarlos. Sazonamos al gusto. Sin parar el motor, añadimos el aceite suficiente para darle la consistencia deseada.

Aliño de ensalada de col con pollo

De inspiración asiática, este aliño confiere un toque especial a cualquier ensalada de col.

Preparación: 5 minutos

Para ¼ de taza

2 cm de jengibre fresco, rallado fino
2 cucharadas de zumo de lima o de limón
1 cucharada de vinagre de arroz
1 cucharada de azúcar de palma rallado
2 cucharadas de salsa de pescado asiática
1 cucharada de aceite de girasol

Agitamos un tarro cerrado con todos los ingredientes del aliño para mezclarlos.

Vinagreta de Jerez

Aliña con ella ensaladas de verduras a la plancha, pepino asado y ensaladas de verduras de hoja.

Preparación: 5 minutos

Para ¾ de taza

1 cebolleta, picada fina
2 cucharadas de miel
3 cucharadas de vinagre de Jerez
3 cucharadas de vinagre balsámico
3 cucharadas de aceite de oliva virgen extra
¼ de taza de aceite de colza
Sal marina en escamas y pimienta negra molida al gusto

Agitamos un tarro cerrado con todos los ingredientes del aliño para mezclarlos.

Vinagreta de Shirley

La madre de una amiga preparaba esta vinagreta para su familia. Mi amiga la sigue preparando para sus hijos y sus nietos, a quienes les encanta. Y yo, ahora, la comparto contigo.

Preparación: 5 minutos

Para ¾ de taza

½ taza de aceite de oliva virgen extra
¼ de taza de vinagre de vino blanco
3 cucharaditas de azúcar
1 diente de ajo, rallado fino
¼ de cucharadita de pimentón dulce
½ cucharadita de sal marina en escamas
Pimienta negra molida al gusto

Agitamos un tarro cerrado con todos los ingredientes del aliño para mezclarlos. Rectificamos los condimentos al gusto.

Aliño picante de cilantro

Un potente aliño, ideal para ensaladas de col o de pato, o para verduras amargas como la col rizada o las espinacas.

Preparación: 5 minutos

Para 1½ taza

¾ de taza de hojas de cilantro picadas gruesas

2 cucharadas de mirin

2 cucharadas de vinagre de arroz

1 cucharadita de sambal oelek (pasta de chile)

1 diente de ajo rallado fino

2 cm de jengibre fresco, rallado

2 cebolletas, picadas finas

½ taza de aceite de colza

Sal marina en escamas y pimienta negra molida al gusto

Introducimos todos los ingredientes en un robot de cocina y activamos a alta velocidad hasta obtener una mezcla homogénea y verde.

Aliño Waiheke de Susie

Con su delicioso sabor afrutado, es ideal para aliñar ensaladas de verduras de hoja, aguacates, ensaladas de hortalizas veraniegas y cereales.

Preparación: 5 minutos

Para ¼ de taza

2 cucharadas de aceite de oliva

1 cucharada de vinagre de sidra

2 cucharaditas de salsa tamari

1 cucharada de melaza de granada

Agitamos un tarro cerrado con todos los ingredientes del aliño para mezclarlos.

Índice

155

Agradecimientos

Me gustaría dar muchísimas gracias a todas las personas talentosas que me han ayudado a finalizar este libro en muy poco tiempo.

Sobre todo a mi increíble fotógrafa, Manja Wachsmuth, que hace las veces tanto de directora artística como de catadora, además de crear sus hermosas imágenes culinarias.

A todo Penguin Random House (Debra Millar, Margaret Sinclair, Amanda Robinson, Tessa King, Kate Stockman y Anna Bowbyes), y a la editora Renee Lang (Renaissance Publishing) y a la diseñadora Sophia Egan-Reid (Mary Egan Publishing), gracias por la oportunidad de hacer lo que me encanta rodeada de un equipo de personas y profesionales fantásticos.

A todos mis leales proveedores, muchísimas gracias. Sin vuestra generosidad, el estilismo culinario de un libro de cocina sería imposible. Gracias a Annex (Ponsonby Road) por los boles de cerámica; a Flotsam and Jetsam (Ponsonby Road) por los vasos y los platos de época; a Father Rabbit (Jervois Road) por las servilletas de lino y la vajilla, y a Lianne Whorwood de The Props Department (Takapuna) por su inmensa selección de atrezo gastronómico.

A mis amigas, Fish y Sanne, muchas gracias por los aliños de vuestra familia que aparecen en este libro.